C H I E M G A U

HANDWERK | DESIGN | KUNST | TRADITION

besteshandwerk

PETRA WAGNER | CHRISTIAN HACKER

C H I E M G A U

HANDWERK | DESIGN | KUNST | TRADITION

UMSCHAU

RO HB 111

Inhalt

INHALT

CHIEMGAU

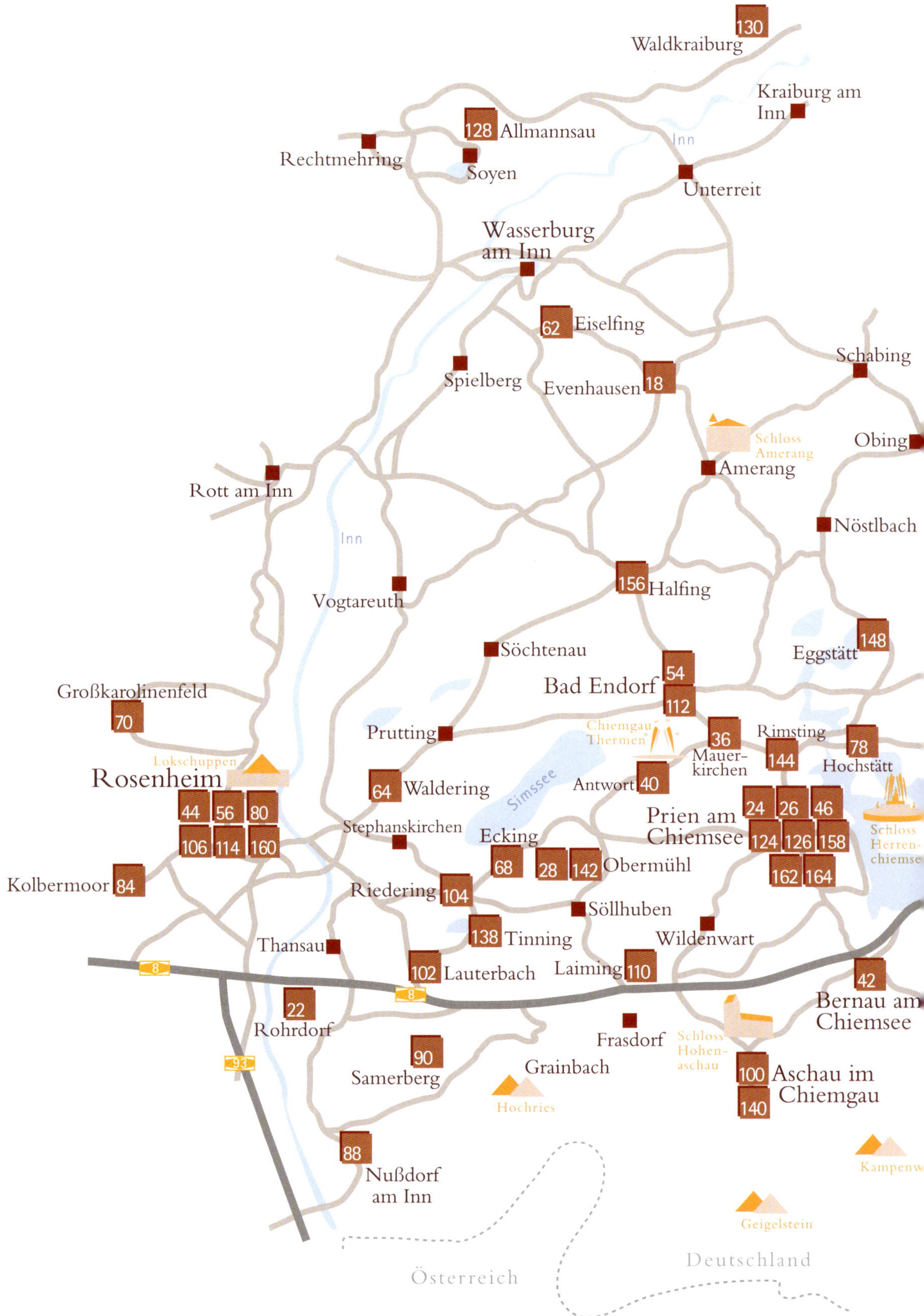
130 Waldkraiburg
Kraiburg am Inn
128 Allmannsau
Rechtmehring
Soyen
Inn
Unterreit
Wasserburg am Inn
62 Eiselfing
Schabing
Spielberg
Evenhausen 18
Schloss Amerang
Obing
Amerang
Rott am Inn
Nöstlbach
Inn
Vogtareuth
156 Halfing
Eggstätt 148
Söchtenau
Großkarolinenfeld
Bad Endorf 54 112
70
Chiemgau Thermen
Prutting
36 Mauerkirchen
Rimsting 144
78 Hochstätt
Lokschuppen
Rosenheim
44 56 80
106 114 160
64 Waldering
Simssee
Antwort 40
Prien am Chiemsee
24 26 46
124 126 158
162 164
Schloss Herrenchiemsee
Stephanskirchen
Ecking
68
28 142 Obermühl
Kolbermoor 84
Riedering 104
Söllhuben
Wildenwart
138 Tinning
Thansau
Laiming 110
102 Lauterbach
42 Bernau am Chiemsee
8
8
22 Rohrdorf
Frasdorf
Schloss Hohenaschau
93
90 Samerberg
Grainbach
100 140 Aschau im Chiemgau
Hochries
88 Nußdorf am Inn
Kampenwand
Geigelstein
Österreich
Deutschland

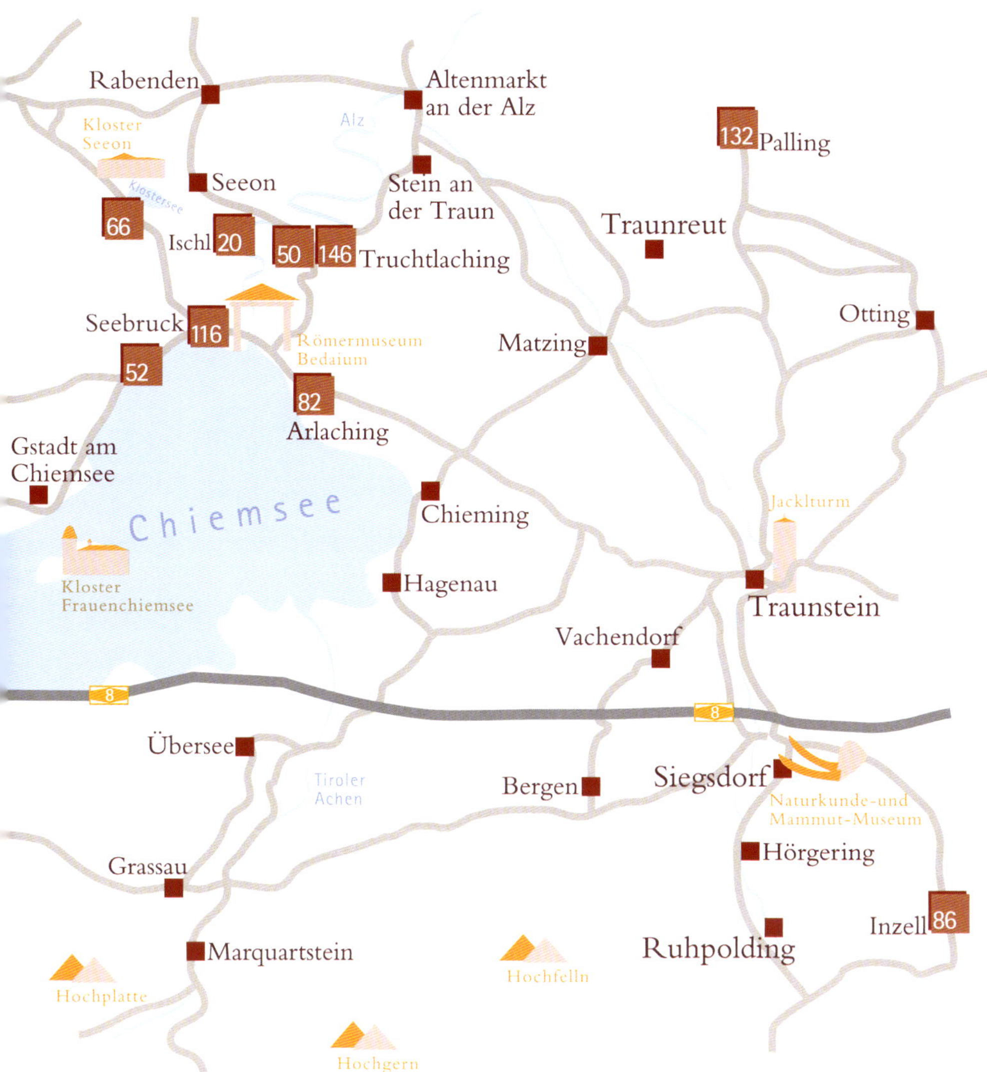

Die Zahlen 20 sind identisch mit den Seitenzahlen der einzelnen Betriebe in diesem Buch und bezeichnen ihre ungefähre Lage in dem Gebiet.

Vorwort

Der Chiemgau ist ein beschauliches Juwel – mit seinen bezaubernden Naturschönheiten, sehenswerten Bauwerken und traditionellen Festen ist er stets eine Reise wert. Auch die Chiemgauer selbst sind faszinierende Menschen – fromm und feierfreudig zugleich, was in Altbaiern buchstäblich zusammengehört. So begehen sie das Jahr nicht nur im Wandel der Jahreszeiten, sondern immer auch im Wechsel der Zeremonien, die fest mit den zahlreichen Festivitäten des katholischen Kirchenjahres verbunden sind. Darunter finden sich oft heidnische oder vorchristliche Bräuche, die sich im Laufe der Jahrhunderte mit den christlichen vermischt haben; zudem lassen sich an ihnen die Abläufe des einstigen bäuerlichen Lebens gut nachempfinden. Nach wie vor huldigen die Chiemgauer ihren Heiligen mit festlichen Prozessionen und mit seit Jahrhunderten zelebrierten Umritten; würdigen sie elementare Ereignisse im Leben wie die Hochzeit oder den Hausbau, indem sie sie mit überlieferten Sitten oder Kultspielen wie dem Braut- oder Firstbaumstehlen ehren – und halten damit altes Brauchtum lebendig.

Ganz in diesem Sinne agieren auch die handwerklichen Meister ihres Fachs, von denen wir hier einige vorstellen – und zwar solche, die sich in ihrem engagierten und hingebungsvollem Tun noch an der Ehr und der Tugend ihrer kunstfertig arbeitenden Kollegen orientieren. Dabei greifen sie bewusst auf alte Techniken zurück, die sie sich zum Teil akribisch und mit viel Geduld aneignen mussten – und das aus dem Beweggrund, eine alte Handwerkskunst nicht in Vergessenheit geraten zu lassen, sondern sie mit Leidenschaft vor dem Aussterben zu bewahren. Ihnen allen zolle ich großen Respekt und höchste Anerkennung, denn sie erhalten mit ihren traditionellen, handwerklich gefertigten Produkten die Ursprünglichkeit und Unverwechselbarkeit des Chiemgaus am Leben – und damit ein Stück weit ihre Heimat, die auch zu meiner wurde. Ihre Porträts ziehen sich durch das Buch gleich Skizzen eines Lebensentwurfs – beginnend mit dem Bau des Hauses, nachfolgend die Ausstattung des Innenbereichs, die Gestaltung des Gartens, das Einrichten der Wohnräume sowie deren kunstvolles Ausstaffieren. Wenn das Heim so nun stilvoll vollendet ist, fällt der Blickwinkel auf das stimmige Gwand, ein genussvolles Leben sowie das Quäntchen Luxus, mit dem man sich das Leben versüßt. Dazwischen finden sich Beiträge, die den historischen Hintergrund sowie die traditionellen Sitten und Bräuche beleuchten, die sich rund um die Gewerke wie auch um die typischen Chiemgauer Feierlichkeiten reihen. Den krönenden Abschluss bildet dabei das Fest der Feste – die Hochzeit –, die im Chiemgau – wie so vieles andere – noch immer ganz im Zeichen althergebrachter Traditionen steht.

Petra Wagner

Handwerk & Tradition im Chiemgau

■ Die Region Chiemgau war einst von Kelten wie auch von Römern besiedelt. Sie sowie die später aus Böhmen zugezogenen Bajuwaren gelten gemeinhin als die Vorfahren der heutigen Altbaiern – womit die Gegend des Berchtesgadener Landes und des Chiemgaus gemeint ist. Im achten Jahrhundert wurden die Klöster auf Herren- und Frauenchiemsee gegründet; später das in Seeon. Durch sie – und das Geld ihrer Stiftsherren – begann der Aufstieg der Region. Im Laufe der Jahre etablierten sich zahlreiche Handwerker, die im Auftrag der Klöster eine sakrale Kunst entstehen ließen, die noch heute zu bestaunen ist. Jahrhunderte später waren es vor allem die Jesuiten, die ab 1534 die Gegenreformation vorantrieben und bis 1550 ganz Oberbayern wieder fest in der katholischen Kirche verankerten. Mit dem katholischen Glauben kehrten auch die prunkvollen Zeremonien zurück – und mit ihnen die barocke Baukunst, deren aufwendig gehaltene Architektur und Innenausstattung, die bislang Schlössern vorbehalten waren, nun auch in Kirchen umgesetzt wurde. So entstanden im 17. und 18. Jahrhundert in der Region Bauwerke von europäischem Rang; wurden aber auch kleine Dorfkirchen mit goldener Pracht, geschmackvollem Marmor und faszinierenden Stuckarbeiten glanzvoll ausgeschmückt. Allerorten finden sich im Chiemgau solch beschauliche Stätten vollendeter Kunstfertigkeit – geschaffen von meisterlicher Hand. Die Finanzkraft der Mächtigen bescherte den Handwerkern volle Auftragsbücher. Zudem brachte der florierende Handel mit Salz, den bereits die Kelten und Römer pflegten, aufgrund der verkehrsgünstig guten

Lage zwischen München, Salzburg sowie nach Italien, der Region weiteren Wohlstand. Was sich bestens an der reich verzierten, im bezaubernden Inn-Salzach-Stil gehaltenen Städtearchitektur beispielsweise von Rosenheim und Traunstein nachvollziehen lässt, die mit groß angelegten Plätzen, stuckverzierten Fassaden und gewölbten Arkadengängen begeistert. Dabei waren es immer die Handwerker, die solch meisterliche Kunstwerke schufen. Die ihr Wissen innerhalb ihrer Zünfte weitergaben, um es zu bewahren und fortzuführen. Sie waren es, die sich hingebungsvoll ihrer Aufgabe widmeten, um mit ihren Arbeiten formvollendete Meisterstücke zu schaffen – die seit Jahrhunderten vom Können ihrer Kunstfertigkeit zollen.

Gekonnt erbaut

■ Schön ist es mit anzusehen, wie ein Haus entsteht. Dem Zimmerer kommt dabei die krönende, abschließende Arbeit zu, mit seiner Aufrichtung des hölzernen Dachstuhls die Bauphase zu beenden. Der Zimmerer ist einer der ältesten Berufe; seine Blütezeit hatte er im Mittelalter, als die schmucken Fachwerkhäuser erbaut wurden. Auch im Chiemgau finden sich immer wieder Häuser mit prachtvollem Bundwerk. Und immer wieder begegnet man mittlerweile auch den auffällig gekleideten Zimmermannsleuten, die sich – wie einst – in ihrer typischen Kluft auf die Walz begeben. Denn in der Zeit, als die Zünfte im Handwerk noch das Sagen hatten, war es Brauch, nach der Gesellenprüfung Erfahrung auch außerhalb der heimischen Region zu sammeln, um den Meistertitel zu erhalten – weshalb die jungen Zimmerer für einige Jahre zu Fuß hinauszogen, um von Ort zu Ort bei verschiedenen Meistern Station zu machen. Ihre typischen Erkennungszeichen sind dabei der breitkrempige große Hut, der schwarze Samt- oder Cordanzug mit weitem Schlag sowie ein krawattenähnliches Stück Stoff, das mit einer mit Wappen versehenen Stecknadel befestigt wird. Üblicherweise tragen sie zudem einen Ring im linken Ohr sowie eine Uhrenkette mit den Städtewappen ihrer Aufenthalte. Ein alter Zimmermannsbrauch, der im Chiemgau noch immer Usus ist, stellt das Firstbaumstehlen dar. Hierzu wird nach Abschluss der Bauten der oftmals 20 Meter lange und tonnenschwere Firstbaum gestohlen. Am Ablösetag bringen ihn die „Diebe“ wieder in die Nähe des Rohbaus, wo mit dem Bauherrn um die Ablöse gefeilscht wird – meist handelt es sich dabei

um eine zünftige Brotzeit. Sollten die Verhandlungen nicht zur Zufriedenheit der Diebe ausfallen, sägen sie vom Firstbaum ein Stück ab. Was allerdings bei den für ihre Feierlaune bekannten Chiemgauern eher selten vorkommt; vielmehr wird das Mahl – unter den Klängen einiger Musikanten und begleitet von etlichen Fachsimpeleien – gemeinsam begangen. Ebenso obliegt es dem Zimmerer, nach Vollendung seiner Arbeit das Richtfest zu begehen. Dazu schmücken die Zimmerer den höchsten Punkt des Dachfirsts mit einem Richtkranz oder Richtbaum und ehren alle am Bau Beteiligten mit einem originellen, auch in Versform vorgetragenen Zimmermannsspruch, der das Haus und seine Bewohner schützen soll. Danach wird gemeinsam gefeiert.

Der Schmied ist mit seinen Metallbearbeitungen seit Jahrhunderten ebenso wichtiger Bestandteil menschlicher Siedlungen. Seine Vielseitig- und Kunstfertigkeit zeigt sich heute noch in Arbeiten, die unter Einsatz von Feuer, Hammer und Amboss aus dem harten Material kunstvoll verschnörkelte Gitter, Geländer und Tore wie auch filigrane Kerzenständer und Zierrat entstehen lässt. Denn auch wenn es den Beruf des Kunstschmieds eigentlich nicht gibt, so ist doch jeder Schmied, der das „freie Formen“ beherrscht, ein wahrer Künstler.

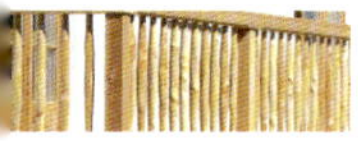

In traditioneller Art von Hand gebaut

Zimmerei Sonnenholzner
Dipl.-Ing. (FH) Franz Sonnenholzner

Pfaffing 32
83552 Evenhausen

Telefon 0 80 75/91 48 33
Telefax 0 80 75/91 48 34
www.holzbau-sonnenholzner.de

Wer beim Holzhausbau auf ehrliche Handarbeit, detailgenaue Planung und gewissenhafte Umsetzung größten Wert legt, sollte bei Franz Sonnenholzner vorbeischauen – denn er bietet traditionelles Handwerk im besten Sinne des Wortes.
Eigentlich wollte der Diplom-Ingenieur Statiker werden; nach seinem Studium half er in Zimmereien aus und konzipierte die entsprechenden Entwürfe. Durch die Kombination von Planung und Realisation verbesserte er Zug um Zug seine Kenntnisse und fand Gefallen an der handwerklichen Arbeit. Seit 2001 arbeitet er nun – mittlerweile auch als Zimmerer in der Handwerksrolle eingetragen – im eigenen Betrieb. Seine rein ökologischen Häuser entstehen in Handarbeit, womit quasi jedes Brett ein Unikat ist. Dazu verwendet der junge Unternehmer ausschließlich massives Schnittholz. Den äußeren Vollwärmeschutz sichert er durch atmungsaktive Weichfaserplatten, bei der Wanddämmung setzt er auf Zellulose. Die Wandbretter werden statisch ausgesteift und ohne Leim verarbeitet. Seine Deckenbretter sind – wie gewachsen – unterschiedlich breit und die Balken breiter als hoch, womit er einen ungemein großzügigen Effekt erzielt. Gern greift Franz Sonnenholzner dabei auf überlieferte Techniken zurück, dank seines Urgroßvaters besitzt er teils 100 Jahre alte Werkzeuge. Mit dem alten Schrubhobel hobelt er beispielsweise seine Decken von Hand, was zwar anstrengend und zeitaufwendig ist, dafür aber eine unglaublich heimelige Atmosphäre schafft. Und so erbaut Franz Sonnenholzner Holzhäuser auch im Stile alter Höfe, die im Inneren mit modernster Technik ausgestattet sind. Häuser mit Charme und Charakter, in denen man spürt, dass sie mit viel Herzblut erstellt wurden – wenn auch das eine oder andere Detail nicht gleich zu erkennen ist.

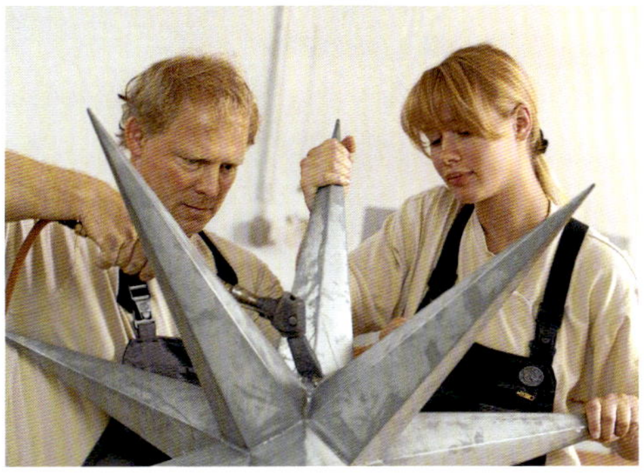

Wo für die Ewigkeit gehämmert wird

Wer Spenglereien mit schlichten Überdachungen, Rinnen oder Kaminen in Verbindung bringt, kennt sich zwar aus – aber nicht den Spenglermeister Otto Weber. Denn der See-oner fügt seinen äußerst akkurat ausgeführten Arbeiten stets noch das ein oder andere „Schmankerl" hinzu. Der einstige Gas- und Wasser-Installateur wurde im erlernten Beruf nicht so recht glücklich. Zum einen wollte er seine Vision von bestmöglicher Qualität umsetzen, zum anderen seine Kreativität ausleben. Was ihm nun seit 1995 im eigenen Betrieb bestens gelingt. Und so veredelt Otto Weber seine Spenglerarbeiten gerne mit etwas Besonderem, „damit es nach etwas ausschaut": Seine Dachgauben ziert er mit einem kunstvollen Emblem; die Rinnen versieht er mit wasserspeienden Drachenköpfen oder formschönen Gliederbögen, die er statt des schlichten, Wasser sammelnden Kessels anbringt. Sein Engagement versteht er dabei als Wahrung und Fortführung der ehrwürdigen Handwerkstradition, die jeden Meister seines Fachs einst so arbeiten ließ, als sei es für die Ewigkeit gedacht – als wolle er sich mit jeder kunstvollen Arbeit auch ein wenig selbst verwirklichen. In diesem Sinne hämmert und falzt auch Otto Weber in seiner Werkstatt, immer im Bestreben, höchste Qualität und beste Machart zu liefern. Am liebsten verwendet er das besonders gut formbare und lange haltbare Kupfer. Gern setzt er bei Aufträgen in Kirchen und Schlössern originalgetreue Nieten und Schrauben ein, die er zahlreich in seinem Fundus bereithält. Mittlerweile folgt ihm Tochter Juliana als ausgebildete Spenglerin aufs Dach. Und so genießen die beiden die einzigartige Aussicht, tüfteln gemeinsam an der optimalen Lösung – natürlich in bester traditioneller Handwerkskunst, „damit es hält für die nächsten 1 000 Jahre".

Spenglerei Weber
Otto Weber

Ischl 16
83370 Seebruck

Telefon 08667/809875
Telefax 08667/809175

Filigrane Fenster verleihen wohnlichen Charme

Schreinermeisterbetrieb Opperer GmbH
Stefan Opperer

Thalmann 7
83101 Rohrdorf

Telefon 08032/91053
Telefax 08032/91054
www.opperer.de

Wer zierliche und formvollendete Kastenfenster liebt, findet mit dem Schreinermeister und Restaurator im Handwerk Stefan Opperer einen wahren Könner seines Fachs. Mit ihnen verhilft er neuen wie denkmalgeschützten Häusern zu bestem Ansehen.
Einst nutzte man Doppelfenster, um durch den Zwischenraum, dem Kasten, kalte Außenluft fernzuhalten. In Zeiten, in denen Isolierglas Furore machte, kam diese althergebrachte Technik etwas aus der Mode. Seit 1995 hat es sich Stefan Opperer zur Aufgabe gemacht, diese Bauweise wieder in Erinnerung zu rufen. Da hier die Holzrahmen schmaler sind, wirken die Fenster insgesamt filigraner; zudem ist der Glasanteil und damit der Lichteinfall um ein Vielfaches höher. In der Gestaltung sind unendlich viele Formen möglich, die den Häuserfassaden stets ein individuelles und stilvolles Ambiente verleihen. Stefan Opperer verfügt mittlerweile über eine langjährige Erfahrung und weiß zudem als Baubiologe die physikalischen Gegebenheiten vor Ort zu interpretieren. So berücksichtigt er bei der Planung den Taupunkt und stellt somit sicher, dass die Fenster nicht beschlagen und sich in den Räumen kein Schimmelpilz breitmacht. Dazu darf das Außenfenster nicht ganz so dicht schließen wie das nach innen gerichtete; nur so kann die Luft bestmöglich zirkulieren.
Seine ausschließlich als Einzelstücke gefertigten Fenster baut Stefan Opperer nur aus bestem Holz der Lärche, der Kiefer oder der Eiche. Für den Anstrich verwendet er Leinölfarben, die lange haltbar sowie pflegeleicht sind. Bei den Beschlägen orientiert er sich am Kundenwunsch sowie an alten Vorlagen. Wenn schließlich alles stimmig passt, vermitteln seine Kastenfenster dem Haus Harmonie und Charme; lassen sie von innen – einem Rahmen gleich – die Landschaft wie ein Bild erscheinen.

Das wärmende Herz des Hauses

Wer sich mit dem Gedanken an ein neues Heizsystem beschäftigt, dabei gern umweltschonend sowie kostensparend vorgehen will, der sollte sich mit Bernhard Loferer unterhalten – denn seine Wärmequellen entstammen der Natur.
Auf die innovative Wärmepumpentechnik stieß der Gas-, Wasserinstallations- und Heizungsbaumeister, als 1998 ein Kunde sie einbauen wollte. Ihn faszinierte die bestens funktionierende Methode, die die Energie aus der Erdwärme oder dem Grundwasser bezieht. Zentrum ist dabei eine leise arbeitende Wärmepumpe, die mit Strom betrieben wird. Sie verdichtet ein zirkulierendes, bereits bei -40 °C verdampfendes Kältemittel, das als Gas den Wasserkreislauf der Heizung erwärmt. Wieder abgekühlt, kehrt es zur Pumpe zurück. Wesentliche Herausforderung der Technik ist es, drei separate Kreisläufe zu verknüpfen. Um die Energie des rund 10 °C warmen Grundwassers zu erschließen, braucht es einen entsprechend tiefen Brunnen; für die Nutzung der Erdwärme müssen Rohre ins Erdreich eingebracht oder auf einer entsprechend großen Fläche verteilt werden. Über diese dritte Zirkulation gelangt die natürliche Energie zum Kältemittel. Um alles exakt zu analysieren und zu berechnen, sind viel Fachkenntnis und das Wissen um die Zusammenhänge nötig. Mittlerweile, nach rund 100 Inbetriebnahmen, gehört Bernhard Loferer ebenso wie Sohn Daniel, der dieselbe Ausbildung besitzt, zu den wenigen, die diese Technologie beherrschen. Dabei ist das Resultat ihrer Arbeit durchaus beachtenswert: So lassen sich damit die Heizkosten um die Hälfte reduzieren, zudem wird die Umwelt geschont. Und – trotz Nutzung der Sonnenenergie – sind keine ästhetischen Einschränkungen nötig, denn die „Solaranlage" steht hierbei im Keller – „als wärmendes Herz des Hauses".

Wärmepumpen Loferer
Sanitär Heizung Solar
Bernhard Loferer

Mühltal 1
83209 Prien am Chiemsee

Telefon 08051/63230
Telefax 08051/964987
www.waermepumpen-loferer.de

Wo im gleißenden Feuer Kunstvolles entsteht

Metallbau Prien
Alfons Piechatschek

Am Reitbach 1b
83209 Prien am Chiemsee

Telefon 08051/9634524
Telefax 08051/9634527
www.metallbau-prien.de

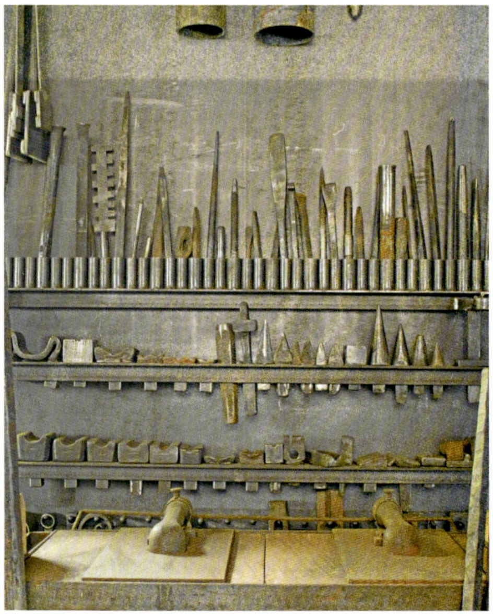

Wer meint, einen Kunstschmied zeichne vor allem Kraft aus, der irrt. Vielmehr benötigt er darüber hinaus reichlich Talent, eine ausgeprägte Vorstellungskraft – und viel Gespür für sein Material.

Zum von Alfons Piechatschek 1992 gegründeten, seit 2008 in Prien ansässigen Unternehmen gehört neben Erwin Ringsgwandl seit 2009 auch Alfred Köhler. Die drei Metallbaumeister stellen ausschließlich Maßanfertigungen nach Kundenwunsch her – und zwar auf die „einfachste, effektivste und dennoch schönste Art". Dazu bedarf es vieler Arbeitsschritte – vom Zuschnitt über das Erhitzen des Materials in der Esse, dem anschließenden Schleifen und Fräsen bis hin zum vereinenden Schrauben, Nieten, Löten oder Schweißen der einzelnen Teile. Zum Schluss werden die Oberflächen gewachst, lackiert oder verzinkt. Ihr Leistungsspektrum reicht dabei vom extravaganten Innenausbau über massive Überdachungen bis hin zu aufwendig gestalteten Kirchenaltären. Ein wahres Prunkstück fertigten die drei in Zusammenarbeit mit Josef Forstmaier für das Münchner Rathaus: Ihr kunstvoll geschwungenes Firstziergitter entwarfen und schmiedeten sie nach alten Vorlagen.

Um solch stilvolle Elemente exakt und detailgenau herzustellen, braucht es viel Sachverstand und Gespür, damit sich das harte Material an der richtigen Stelle und in der gewünschten Weise formt – so muss die Temperatur stimmen und jeder Schlag auf dem heißen Metall punktgenau sitzen. Bei all ihren Arbeiten lässt sich bei jedem der drei Metallbaumeister stets auch eine eigene, individuelle Handschrift erkennen, und sei es auch nur im Detail. Allen gemein ist die Freude am Schmieden und daran, dass man etwas schafft, das über Jahrzehnte hinweg zu betrachten ist und hält – beinahe für die Ewigkeit.

Bei Bundsäge, Axt und Zirkel

Das Zimmererhandwerk gefiel Franz Bauer von jeher – auch, weil es den Hausbau abschließt, ihn quasi besiegelt. Die wahre Leidenschaft des zum Restaurator in Handwerk und Denkmalpflege ausgebildeten Zimmerermeister entflammt aber vor allem, wenn er das ehrwürdige Werk früherer Kollegen in bester Weise erhalten kann – und zwar mit authentischen Materialien und Techniken von einst.

So ist er mit seinem Know-how zur Stelle, wenn bei Umbauten die Statik oder Tragfähigkeit gefährdet ist und Balken oder Giebel morsch sind. Auch beschädigte Holzdecken und Wandvertäfelungen, reparationsbedürftige Holzböden und -treppen setzt er wieder instand. Dabei ist es ihm wichtig, den spezifischen Charakter eines Hauses möglichst authentisch zu erhalten; weshalb er zur Restaurierung über 100 Jahre altes Holz aus der Region sowie alte Techniken nutzt, die es ihm ermöglichen, auf Leim, Metall oder anderweitige neue Hilfsmittel weitestgehend zu verzichten. So „überplattet" er seine Balken, damit sie ohne Hilfe von Dübeln oder Stahl eine tragende Bindung eingehen; besäumt er seine Bodendielen nicht parallel, sondern setzt sie unterschiedlich breit; gleicht er die verschiedenen Höhen der Bodenbretter mit Blindfedern aus. Bei all seinem Engagement steckt Franz Bauers ganzes Herzblut aber vor allem im Planen und Umsetzen von schönstem Bundwerk. Denn mit der Ausgestaltung einer gekonnt verzierten Außenfassade zeigt ein Zimmerermeister, welch wahre Handwerkskunst in ihm steckt. So müssen die kreativ arrangierten Balken das Haus zwar attraktiv schmücken, aber auch der Statik und Tragkraft dienen. So kunstvoll angebracht, hat nach Franz Bauers Ansicht der Zimmerer sein Handwerk vollendet vollbracht, hat er mit seiner Arbeit ein würdevolles Zeichen gesetzt, das noch nach Jahren aufzeigt – hier hat sich jemand besondere Mühe gegeben.

Zimmerei Franz Bauer
Franz Bauer

Obermühl 49
83083 Riedering

Telefon 08036/7418
Telefax 08036/1741
www.zimmereibauer.de

Schloss Hohenaschau

Stilvoll veredelt

Ein typisches Erkennungsmerkmal oberbayerischer Ortschaften sind die hübschen bis prächtig üppigen Fassadenmalereien, die manchem Platz seine Unverwechselbarkeit verleihen. Diese alte Handwerkskunst hat ihren Ursprung in der barocken Fassadenmalerei italienischer und süddeutscher Art. Bis heute widmen sich in der Region viele Malerbetriebe und freischaffende Künstler der althergebrachten Tradition. Nach Bayern gelangte die Lüftlmalerei im 18. Jahrhundert. Vor allem in der damaligen Handelsmetropole Augsburg verzierten reiche Kaufleute ihre Häuser mit der Illusionsmalerei in Anlehnung an die Schlossarchitektur und Kirchenmalerei. Daraus folgend entstanden vor allem in Oberammergau und Mittenwald die ersten Zentren oberbayerischer Lüftlmalerei, die schmucke Ortsbilder und Häuserfassaden entstehen ließen. Von einst inspiriert zieren heute vor allem Stuckaturen und Säulenportale die Außenwände, dienen Ranken und Zierleisten als Einrahmungen oder Hervorhebungen der Fenster und Türen sowie die Marien- und Heiligendarstellungen dem Schutz des Hauses; Motive aus dem alltäglichen Leben weisen zudem auf den Beruf des Hausbesitzers hin oder zeigen Landschaften und bäuerliche Szenen. Ob der Begriff „Lüftlmalerei" sich aus der einst in luftiger Höhe ausgeführten Malerei ableitet, sich aus der Fresko-Technik ergibt, die ein rasches Arbeiten an der frischen Luft erfordert, oder aber auf den bekannten Oberammergauer Maler Seraph Zwinck zurückzuführen ist, dessen Heimathaus als Lüftlhof bezeichnet wurde, bleibt umstritten. Dem Maler Zwinck wird allerdings nachgesagt, die Technik der Freskomalerei zwecks

dauerhafter Haltbarkeit erstmalig an den Außenwänden eingesetzt zu haben. Die Farben der Bilder werden dabei auf den frischen Kalkputz aufgetragen, mit dem sie sich verbinden und so dem Haus für lange Zeit sein stattliches Aussehen sichern. Bezauberndes Anschauungsmaterial schönster Fassadenkunst findet der Interessierte allerorten; besonders hervorzuheben sei Neubeuern im Inntal, der prachtvolle Marktplatz von Törwang am Samerberg, wo das Schusterhäusl stets aufs Neue verzückt, zahlreiche schmucke Häuser in Sachrang sowie das Heimatmuseum in Prien am Chiemsee.

Aus Stein gehauene Arbeiten erfuhren vor allem in der Romanik und Gotik ihren Höhepunkt. Aus dieser Zeit stammen bis heute faszinierende Kreuzgewölbe sowie prachtvolle Säulen, die als Verstrebungen die Last der Dombauten tragen. Der gotische Stil erforderte eine besonders hohe Genauigkeit an die Passform der einzelnen Steine, weshalb nur die besten Steinmetze ihrer Zunft dazu eingesetzt wurden. Sie waren zudem hochgeachtet und bestbezahlt. Ihr Selbstbewusstsein schlug sich auch in der Eigenart nieder, ihren Werken ein individuelles Merkmal zu verleihen. Häufig waren die gotischen Baumeister Steinmetz, Steinbildhauer, Planer und Architekt zugleich und entsprechend bekannt, sodass sie relativ viel Freiraum bei der Ausgestaltung ihrer Werke besaßen. So ließen es sich manche von ihnen nicht nehmen, ihr Porträt in den steinernen Bauwerken zu verewigen.

Mit der Ausgestaltung des Gartens verbinden sich im Chiemgau viele über die Jahre fest verankerte Sitten und Bräuche. So ist es üblich, bei der Geburt eines Sohnes – als

Zeichen der Fruchtbarkeit wie auch als Symbol für das Wachsen und Gedeihen – einen Baum zu pflanzen. Gewächse und Kräuter dienten darüber hinaus auch immer dem Schutz von Haus und Hof. So wurden verschiedenste Bäume und Sträucher vor dem Haus gepflanzt, die Unheil wie Naturgewalten oder böse Geister fernhalten sollten. Dazu wurden gerne geweihte Pflanzen genutzt. So wird im Chiemgau noch heute die christliche Kräuterweihe mit großem Zeremoniell begangen. Sie gilt als das größte und älteste Marienfest, das seit dem zehnten Jahrhundert fest mit der Weihe eigens gesammelter Pflanzen verbunden ist. Sie findet stets am 15. August statt, dem Tag, der Marias Himmelfahrt gewidmet ist. Er geht auf die Legende zurück, dass am dritten Tag nach der Beerdigung Marias das Grab leer war, dafür aber Heilkräuter an ihrer statt bereitlagen. Zudem sollen an diesem Tage die Kräuter in Feld, Wald und Wiese besonders heilkräftig sein. Die zu Kräuterbuschen oder Weihbüschel eingebundenen Kräuter variieren in ihrer Zusammenstellung sowie Anzahl je nach Region. Früher waren es an die 77 verschiedene Sorten, die zum Strauß gebunden werden mussten; heute sind sieben oder neun „Grundkräuter" üblich, die sich um die im Mittelpunkt stehende, goldgelbe Königskerze, auch Wetterkerze oder Muttergotteskerze genannt, reihen. Dazu gesellen sich Tausendgüldenkraut, Meisterwurz, Wermut, Schafgarbe, Pfefferminz, Kamille und Holler – und damit allesamt seit Jahrhunderten erprobte und anerkannte Heilpflanzen. Hübsch arrangiert wird der Strauß in der Kirche bei festlich gehaltenen Gottesdiensten geweiht. Die Büschel sollen nun

Tausendgüldenkraut

– angebracht an der zentralen Stelle im Haus, dem Herrgottswinkel in der guten Stube – Haus und Hof das ganze Jahr über schützen. Gern wurden sie dazu auch an Türen, unterm Dach oder im Stall aufgehängt sowie dem Futter der Tiere beigemischt, um diese vor Krankheit zu bewahren. Wenn ein Unwetter sich näherte, warf man auch einige Kräuter ins Herdfeuer. An den zwölf Raunächten, die zwischen Weihnachten und Heilig Dreikönig liegen, gingen die Bauern einst mit ihren Familien und dem Gesinde mit einer rauchenden Glutpfanne, in der sich auch Teile des geweihten Kräuterbuschs befanden, durchs gesamte Anwesen, um alles Unheil fernzuhalten.

Königskerze

DEVENTER

Würdevoll erhalten – neu gestalten

Wer sein Bestes geben will, wird stets mit Passion und Leidenschaft ans Werk gehen – so die Philosophie von Reiner Neubauer, der seinen Beruf als Berufung empfindet. Seine Arbeiten erfüllt er mit bestem Wissen und Gewissen – sowie mit großer Liebe zum Kunsthandwerk.
Als Kirchenmalermeister, Vergolder und Lacktechniker besitzt Reiner Neubauer ein fundiertes Know-how sowie die langjährige Erfahrung, alte Techniken mit neuesten wissenschaftlichen Erkenntnissen zu verknüpfen – was ihn zu einem angesehenen Restaurierungs-Experten wie auch zu einem innovativen Oberflächengestalter macht. Bei seinen historischen Arbeiten ist er bestrebt, die antiken Kunstwerke nicht nur zu konservieren, sondern sie mit restauratorischen Mitteln wiederzubeleben. Zu seinen renommierten Kunden gehören berühmte Kulturstätten wie die Innsbrucker Hofburg oder der Kaiserdom in Königslutter. Sein Wissen um alte Techniken fließt aber auch bei der Gestaltung von neuzeitlichen Bauten mit ein. So verleiht er modernen Kirchen gern eine zurückhaltende Atmosphäre, die sich dem Betrachter leise und behutsam erschließt und ihm Raum lässt, sich zu öffnen.
Die Außenseite des in Berlin stehenden Bundeswehr-Ehrenmals umhüllte er mit einer eigens entwickelten Schicht aus Platingold, die einen effektvollen Kontrast zum in Schwarz gehaltenen inneren „Raum der Stille" herstellt.
Um den in faszinierendem Rot schimmernden Lack eines japanischen, drei Meter langen Urushi-Tisches zu kreieren, experimentierte er mit über 20 Schichten eines Naturharzes, bis ihm die ausdrucksstarke Oberfläche gelang.
Bei all seinem Tun unterstützt ihn ein 45-köpfiges Team, das mit Kirchenmalern, Vergoldern, Diplom-Restauratoren für Stein, Gemälde, Holz und Skulpturen, Schreinern, Fotografen und Kunsthistorikern die komplette

Neubauer Restaurierungswerkstätten GmbH
Neubauer für Oberflächen und Gestaltung
Reiner Neubauer e. K.

Chiemseestraße 59
83093 Bad Endorf-Mauerkirchen

Telefon 08053/3347
Telefax 08053/9945
www.neubauer-restaurierung.de

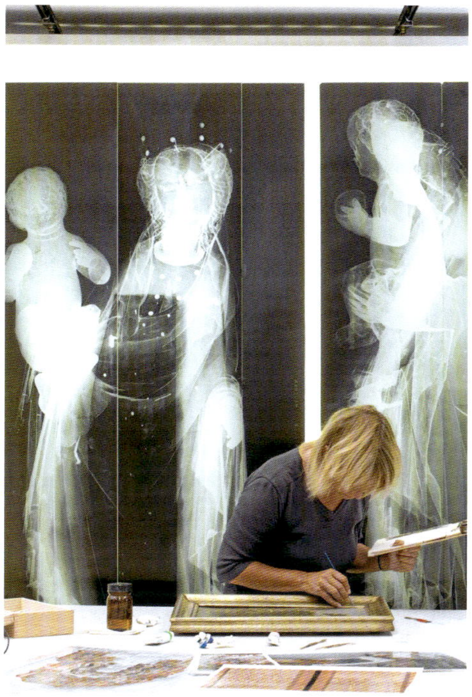

Bandbreite kreativen Schaffens abdeckt. Zudem schöpfen sie aus einem reichhaltigen Fundus, der neben Tausenden von Farbpigmenten eine umfassende Bibliothek, ein Fotolabor sowie modernste Forschungstechnologien umfasst. Untergebracht sind die Restaurierungswerkstätten in einem stattlichen, ehemals königlichen Zehntstadl, den Reiner Neubauer 1989 in marodem Zustand übernahm und in jahrelanger Detailarbeit spektakulär instand setzte. Einst diente er als Naturalabgabe- und Umschlagsplatz für die „Schätze" des Königs, heute als Stätte zur Erhaltung von historisch wertvollem Kulturgut. Dabei fungieren die jahrhundertealten Böden, Balken sowie das beeindruckende Bundwerk als Mantel und Gerippe für ein technisch hochmodernes Unternehmen, das – als Haus im Haus – die historische Substanz in faszinierender Weise in die neue Architektur integriert hat. So erlaubt der gläserne Erker und der mit Altholz verkleidete Balkon – modern und dennoch historisch angehaucht – einen stimmungsvollen Ausblick in die Natur. Die Pflastersteine der Auffahrt wurden in ihrer holprigen Ursprünglichkeit belassen. Der Flur ist befahrbar und wie alle Räume voll klimatisiert, damit die wertvollen Exponate in ihrem eigenen Klima verweilen können. Sein Engagement um wertvolle Kulturgüter versteht Reiner Neubauer auch als Würdigung der einst gewissenhaft agierenden Handwerker. Denn sie waren es, die solche Kostbarkeiten schufen, die sich dafür hingaben, um ihre Aufgabe richtig, das heißt bestmöglich zu erfüllen – und handelten so ganz im Sinne von Reiner Neubauer.

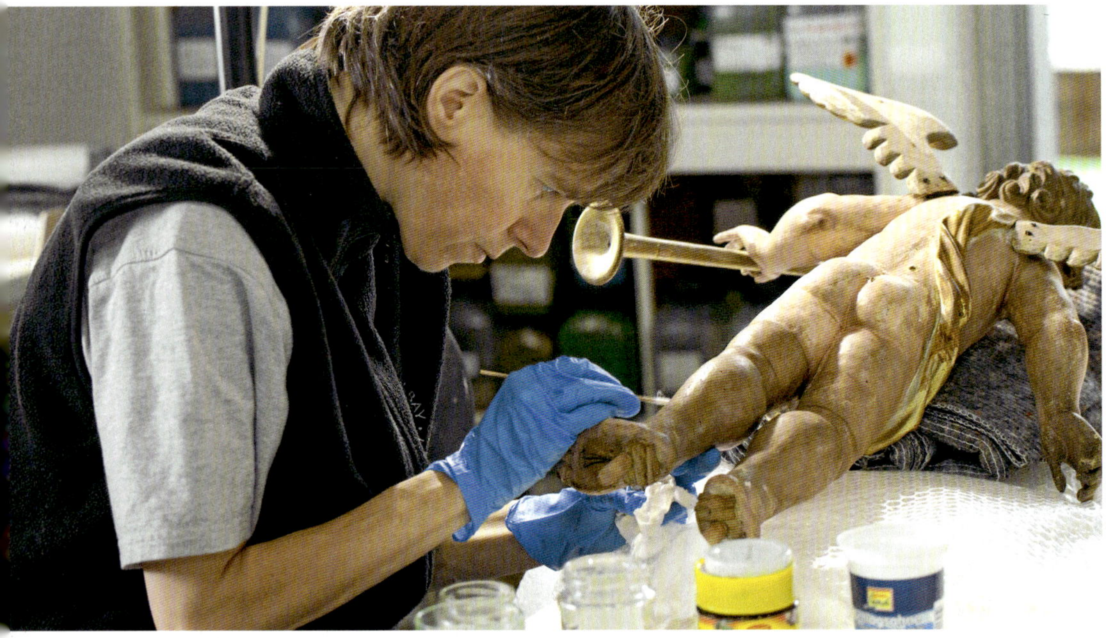

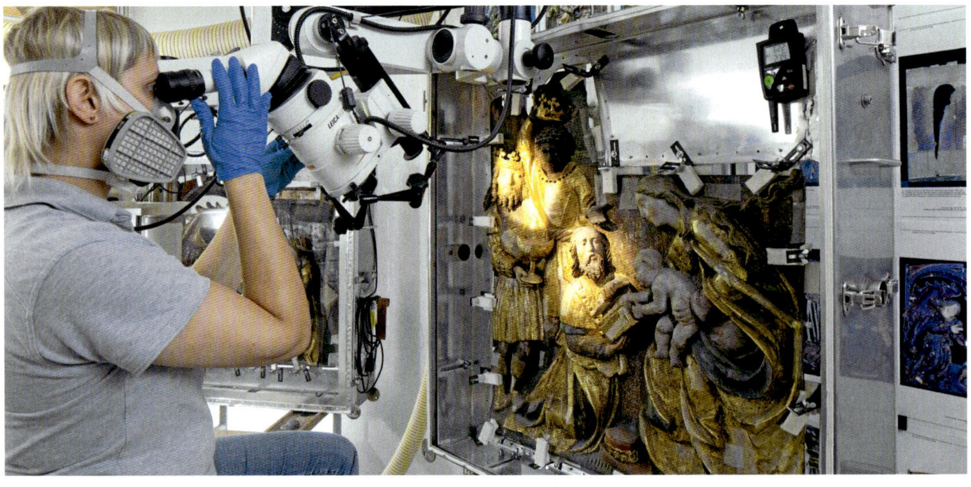

Stimmige Farben glänzend aufgebracht

Wer seinen Wänden zu mehr Ausdruckskraft verhelfen will, sollte sich Rat bei Franz Kriechbaum einholen. Denn er gilt als ausgewiesener Spezialist für Oberflächen aller Art – und darüber hinaus als wahrer Könner der Farbgestaltung.
Neben klassischen Renovierungsarbeiten ist der Maler- und Lackierermeister auch ein profunder Kenner der Restaurierung von historischen, denkmalgeschützten Gebäuden. Hier bietet er von der Befunddokumentation über die Analyse der Farbschichten bis hin zum Konzept und dessen konkreter Umsetzung die gesamte Palette aus einer Hand. Bei all seinem Tun ist es Franz Kriechbaums Intention, dass sich seine hochwertigen, aus lichtechten Pigmenten bestehenden Farben zu einem Gesamtkonzept vereinen, das mit der Architektur sowie der Stilepoche des Gebäudes im Einklang steht und sich zudem insgesamt harmonisch in die gesamte Umgebung einbettet. Zur optimalen Abstimmung begutachtet er dazu seine Farbmuster ausschließlich vor Ort sowie unter verschiedensten Lichtverhältnissen. Auch den Untergrund prüft er entsprechend, denn je nachdem, ob der Putz glatt oder rau ist, lässt sein Schattenwurf die Fassadenfarben heller oder dunkler erscheinen. Für seine mineralischen Anstriche nutzt Franz Kriechbaum den 25 Jahre abgelagerten Grubenkalk aus der eigenen Kalkgrube, der so zu seinem effektvollen Einsatz kommt. In Verbindung mit einem Verputz aus Kalkmörtel erstrahlt ein solcher atmungsaktiver und antiseptischer Anstrich viele Jahren lang in „alter Frische". Für Franz Kriechbaum bedeuten Farben ein elementares Medium, mit dem sich Stimmungen aufhellen und positiv verändern lassen – mit ihnen gelingt es, nicht nur Wohnecken und ganze Ortsbilder, sondern auch den Menschen selbst in Einklang zu bringen.

Malerfachbetrieb Franz Kriechbaum GmbH
Franz Kriechbaum

Hirnsberger Straße 38
83093 Bad Endorf-Antwort

Telefon 08053/3786
Telefax 08053/3447
www.malereikriechbaum.de

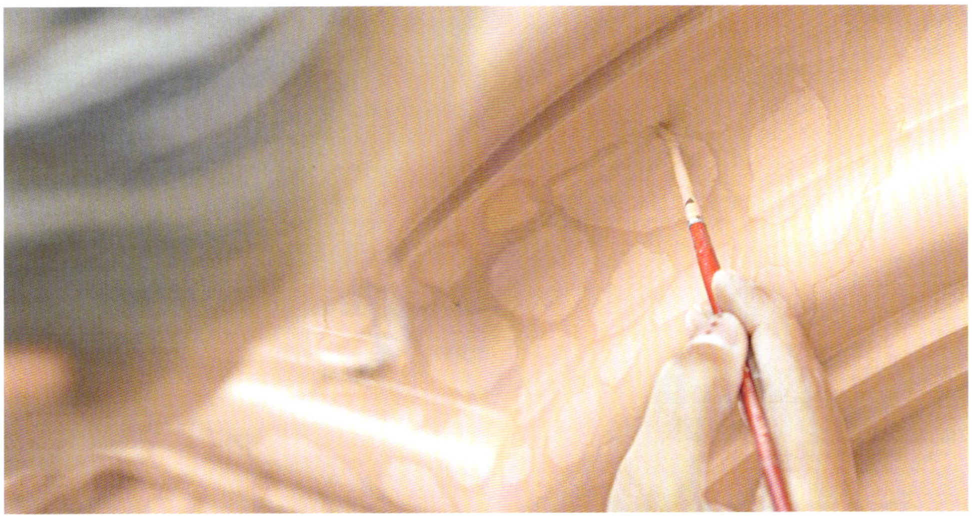

Willkommen in der Welt des Stucks

Maler-Fachbetrieb GmbH
Hubert Haas

Neumühlstraße 64
83233 Bernau

Telefon 0 80 51 / 83 92
Telefax 0 80 51 / 8 99 78
www.stuckwelt.de

■ Wer seinen Wohnräumen ein elegantes Erscheinungsbild verschaffen möchte und darüber hinaus das Besondere sucht, dem sei die Dauerausstellung von Hubert Haas empfohlen – denn hier begegnet ihm die Welt des Stucks.

Mit dem edlen weißen Material umgibt sich der Kunde mit einem reinen Naturprodukt, das aus Gips, mineralischen und pflanzlichen Fasern sowie Wasser besteht. Es ist einfach zu handhaben und lässt sich schön zu filigranen Rosetten, stilvollen Decken- und Wandverkleidungen, imposanten Säulen und Pilastern sowie zu geschmackvollen Einbaumöbeln und Raumteilern verarbeiten. Das Repertoire des Maler- und Lackierermeisters Hubert Haas umfasst rund 300 Elemente, darunter einige Raritäten. Das Design reicht von klassischen Schnörkeln und Mustern bis hin zur puristisch modernen Ausrichtung und kann so bestens mit allen Einrichtungsstilen kombiniert werden. Da Gips nicht brennt, eignet er sich zudem ideal als elegante Kamin-Ummantelung. Die Freude am Stuck erfasste Hubert Haas bereits während seiner Ausbildungszeit. Mittlerweile führt der gebürtige Bernauer seinen 1992 gegründeten Betrieb mit neun Mitarbeitern. Sein Leistungsspektrum umfasst dabei nicht nur die Herstellung der formschönen Stuckelemente, sondern den Entwurf, die Planung sowie die abschließende Farbgestaltung und -ausführung in Zusammenarbeit mit Handwerkskollegen, zudem den Sanitär- und Lichtbereich. Mit der eleganten, aus Frankreich stammenden Innenausstattung ververändert sich das Gesicht eines jeden Raumes in faszinierender Weise. Und so verleiht ihnen Hubert Haas mit seinen herrlichen Stuckarbeiten ein gehobenes Ambiente und verhilft den Bewohnern zu einem stilvollen Wohlgefühl.

Wohliges Feuer, das Seelen erwärmt

Wer die heimelige Wärme von holzgefeuerten Öfen liebt, findet bei Philippe Braconnier eine ungemein große Auswahl an Modellen aller Art – vom heimeligen Herd über alpenländische Kachelöfen bis hin zum puristischen Kamin sorgen sie alle für ein behagliches Zuhause.
1985 übernahm der gebürtige Belgier das Unternehmen mit der Idee, alles für den Ofenbau aus einer Hand zu bieten. Auf rund 220 Quadratmetern präsentiert Philippe Braconnier nun in behaglichen Wohnecken die Bandbreite seines Schaffens: Rund 60 Schauöfen lassen in Form, Technik und Ausgestaltung keine Wünsche offen – neben zahlreichen skandinavischen Kamin- und Specksteinöfen finden sich heimische Kachelöfen im traditionellen oder klassischen Stil sowie in verputzten organischen Formen. Dazu puristische Heizkamine, bei denen der Feuerzauber im Fokus steht. Jeder Ofen wird individuell nach Kundenwunsch gefertigt. Damit er sich gelungen in die bestehende Innenarchitektur fügt, erläutern Philippe Braconnier und sein zwölfköpfiges Team in ausführlichen Gesprächen alle Details der Ausführung – integrierte Regale, Nischen oder Wasserspiele, handgetöpferte Kacheln oder die exklusive Spachteltechnik, die den Oberflächen eine Rost-, Beton-, Metall- oder Holzoptik verleiht. Ihre formschönen Öfen setzen sie – akkurat und gewissenhaft – auch in bewohnten Räumen ein. Wenn Philippe Braconnier schließlich zum ersten Anheizen beim Kunden mit einer guten Flasche Wein einkehrt, fasziniert ihn stets aufs Neue, welche wohltuende Wirkung ein solcher Einbau hat. Denn um das knisternde Kaminfeuer versammelt sich die gesamte Familie, verweilen die Hausherren sinnierend beim Cognac. Für ihn erfüllen all seine Öfen das Bedürfnis nach Wärme und Sicherheit – schaffen sie schlichtweg Stätten der Geborgenheit.

Chiemgauer Ofenzentrum
Philippe Braconnier

Raublinger Straße 12
83026 Rosenheim-Aising

Telefon 08031/23395-0
Telefax 08031/23395-55
www.chiemgauer-ofenzentrum.de

Bei steinernen Drachen und Wasserspeiern

Naturstein Günzkofer
Lars Günzkofer

Neugartenstraße 9
83209 Prien am Chiemsee

Telefon 0 80 51 / 16 85
Telefax 0 80 51 / 54 21
www.naturstein-guenzkofer.de

Die Liebe zum Stein ließ Lars Günzkofer Steinbildhauermeister werden. Neben klassischen Arbeiten kreiert er dabei gern fantasiereiche Skulpturen, die als steinerne Wasserspeier Gärten wie Häuser zieren. In seiner Werkstatt fertigt er aus von der Natur geschaffenen Steinen Treppen, Böden, Küchenplatten, Waschbecken sowie Grabsteine – nach Kundenwunsch und Maß, von filigran bis massiv. Für seine freien Arbeiten nutzt er den harten, mit einer abwechslungsreichen Struktur ausgestatteten Kalkstein, da bei ihm jeder Hieb schön sichtbar wird. Dabei ist es ihm wichtig, bei aller Liebe zum Detail auch weglassen zu können, um mit wenig viel auszudrücken. Für Lars Günzkofer ist es stets aufs Neue ergreifend, wie mit jedem Hieb die Figur sich aus dem Stein entwickelt – sie quasi herauswächst, während er sich hineinarbeitet. So entstehen fantasievolle Skulpturen wie der wasserspeiende Kopf, der nur durch Zufall in den Verkauf und damit in das Bad eines Kunden gelangte. Fasziniert ist der Priener vor allem von den frechen Gargoyles, den wasserspeienden Fabelwesen, die einst Kirchen zierten oder der Geistervertreibung wie auch dem Schalk dienten. Und so wacht ein roter Drachen vor seinem Haus, hängt eine steinerne Fledermaus an seiner Garagenwand, sitzt – hier und da im Garten hinter Efeu versteckt – das ein oder andere Fabeltier. Mit seinen Steinarbeiten will Lars Günzkofer auch ein Stück weit die Natur ins Haus holen: mit einem Material, das mit unterschiedlichen Farben und Strukturen in jeder Form natürlichen Charme und vollendeten Stil verbreitet. Ob steinerne Platten, Säulen und Figuren im Garten oder elegante Böden, Treppen und Bäder im Haus – stets vermittelt Stein zeitlose Schönheit und harmonische Ästhetik.

HOT
COLD

Fama-Brunnen vor dem Neuen Schloss Herrenchiemsee

WC
WOHNEN
HOLZDECK
BÖSCHUNG

Behagliche Räume inmitten der Natur

Wer seinen Garten professionell gestalten möchte, ist bei Markus Helminger am richtigen Platz. Seit 2005 plant und gestaltet der Garten- und Landschaftsgärtner mit Pflanzen, unterschiedlichen Materialien sowie sehr viel Liebe zum Detail seine natürliche Architektur im Freien. Dabei überträgt er gekonnt den Baustil des Hauses in die umgebende Grünanlage. Gern verwendet er dazu Werkstoffe, die vom Leben gekennzeichnet sind, wie bis zu 100 Jahre alte heimische Steine aus Granit oder Basalt. Terrassenplätzen verleiht er einen Wohlfühleffekt, indem er sie mit einem Wellenprofil bestückt, das den Boden zum entspannenden Barfußparcours werden lässt; seine Stufen kreiert er schon einmal halbrund, damit sie von allen Seiten angenehm begehbar sind. Mit seinen detailliert geplanten und harmonisch gestalteten Anlagen will Markus Helminger Plätze zum Verweilen schaffen – allein oder in der Gesellschaft; Orte, an denen die Natur mit all ihren Facetten spürbar wird und der Gast sie mit allen Sinnen genießen kann. Und so sitzt man in seinem im Grünen geschaffenen Raum auf der Bank oder dem großen Stein, hört dem Plätschern des Wassers zu, riecht die von der Sonne aktivierten ätherischen Öle würziger Kräuter sowie die betörenden Düfte zauberhafter Rosen. Der Tag im Freien lässt sich in seinen Gärten auf vielerlei Weise erleben – das Frühstück am Morgen am sonnigen Platz gen Osten, die mittägliche Hitze unter dem lauschigen Blattwerk und den Abend im Westen mit dem Spektakel der untergehenden Sonne. Die von Markus Helminger arrangierten Gärten sind nicht nur Oasen der Muse, sondern stellen ein zweites Zuhause im Freien dar – Räume inmitten der Natur, in denen man zur Ruhe kommen und zu sich selbst finden kann.

Garten- und Landschaftsbau Helminger
Markus Helminger

Perading 2
83376 Truchtlaching

Telefon 08667/809654
Telefax 08667/879736
www.helminger-garten.de

Pflanzen prachtvoll arrangiert

Planwerk – Staudengärtnerei am Chiemsee
Volker Eschenbach

Esbaum 2
83358 Seebruck

Telefon 0 86 67 / 87 63 88
Telefax 0 86 67 / 87 63 89
www.chiemseegarten.de

Wer seinen Garten neu bestücken möchte, findet mit dem Planwerk-Team kompetente Partner, die Gewächse von höchster Qualität aufziehen.
Nach ihrem Studium beschäftigten sich die Landschaftsarchitekten Marion und Volker Eschenbach zunächst vor allem mit der Planung von Gärten. Doch schnell wurde ihnen bewusst, dass sie ihre grünen Konzepte nicht nur skizzieren, sondern auch nach ihren Vorstellungen selbst umsetzen wollten. Bei der Suche nach einer geeigneten Gärtnerei wurden sie 2007 in Seebruck fündig, wo sie das brachliegende, rund 10 000 Quadratmeter große Grundstück wieder zum Leben erweckten. Mittlerweile wachsen hier unter dem oftmals rauen Klima an die 1 700 verschiedene Staudenarten und -sorten. Daneben sind die beiden bekannt für ihr deutschlandweit einzigartiges Sortiment an pflegeleichten, winterharten Funkien – beeindruckende Blattschmuckpflanzen, die sie in allen erdenklichen Grün-, Gelb- und Blautönen sowie in zahlreichen Formen anbieten. Rund 500 Variationen – darunter drei eigene Züchtungen – werden unter der liebevollen Obhut von Volker Eschenbach aufgezogen. Für Rosenliebhaber hält das Planwerk-Team rund 100 Sorten bereit, darunter auch etliche historische und englische. Dem Kräuterfreund steht eine ebensolche Auswahl und mit Erwin Heger zudem ein wahrer Fachmann parat. Wie sich solch gärtnerische Vielfalt nun zu einer beschaulichen und stimmigen Einheit arrangieren lässt, zeigen die Eschenbachs in ihrem auch sonntags frei zugänglichen Schaugarten.
Damit der Besucher auch bei sich zu Hause seine wahre Freude hat, plant und skizziert Marion Eschenbach mit ihren prachtvollen Gewächsen ansprechende Gärten, komponiert sie mit ihnen – einem Maler gleich – stimmungsvolle Landschaftsbilder.

Frische Blumen – natürlich arrangiert

Wer den natürlichen Charme bunt blühender Blumen liebt, wird in der Bad Endorfer Landgärtnerei mit Sicherheit fündig. Denn hier finden sich auf 1500 Quadratmetern zahlreiche Arten und Sorten, die zum Großteil vom umliegenden Freiland sowie aus den eigenen Gewächshäusern stammen.
Die etwas außerhalb vom Bad Endorfer Zentrum liegende Landgärtnerei gehört seit 2003 dem Münchner Verein für berufliche Integration. Er hat es sich zur Aufgabe gemacht, auch Arbeitsplätze für Menschen mit psychischen Erkrankungen zu schaffen. Nach kleineren Umbauten bietet das 15-köpfige Team um Diplom-Agraringenieurin Christine Bayer vor allem ein sehr natürlich ausgerichtetes Sortiment. Die Sträuße und Gestecke werden mit Materialien aus der Natur wie effektvolle Rinden und Hölzer, farbenfrohe Beeren, geschwungene Gräser, romantische Mooskugeln oder ausgefallene Fruchtstände kreativ arrangiert. So liegt die Rose in einem Bett aus Hortensien, umrahmt von Efeu und Farn, oder es zieren den Tischkranz Artischocken, Buchs und Johanniskraut. Dabei kann das Team aus dem großen Fundus selbst angebauter Pflanzen schöpfen, denn viele der Schnittblumen wie Tulpen, Narzissen, Hyazinthen, der farbenfrohen Sommerblumen sowie die Blume des Hauses, die Pfingstrose, stammen aus den umliegenden Freiflächen oder luftigen Gewächshäusern; ebenso zahlreiche Klassiker sowie ausgesuchte Neuheiten für Beet und Balkon. So werden die Pflanzen mit viel Liebe zum Detail von Hand getopft, gestutzt oder gepflegt und die Blumen täglich frisch geschnitten; was sicherstellt, dass sie ihre bezaubernde Pracht und Schönheit auch beim Kunden noch lange entfalten.

Die Landgärtnerei
Verein für berufliche Integration e. V.

Jolling 14
83093 Bad Endorf

Telefon 08053/49440
Telefax 08053/49441
www.die-landgärtnerei.de

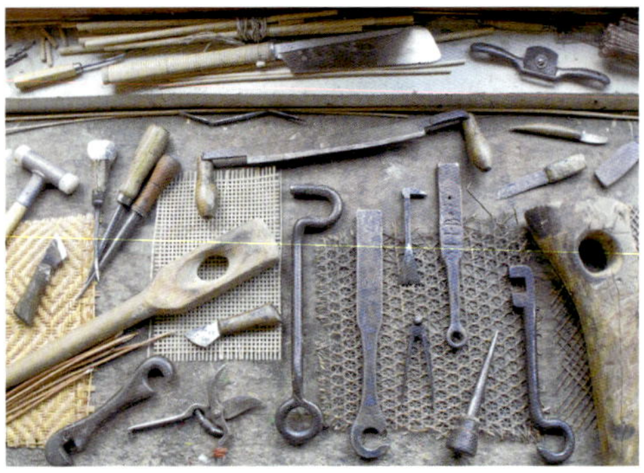

Licht und Schatten vollendet geordnet

Flechtwerkgestalter
Johann Bachinger

Brünnsteinstraße 2
83026 Rosenheim

Telefon 08031/44495
Telefax 08031/43479

Wer von Flechtwerk hört, denkt meist an Korb und Sessel. Wie vielseitig das Naturprodukt jedoch interpretiert werden kann, zeigt Johann Bachinger seit vielen Jahren – mit kunstvollen Objekten wie auch mit ästhetischer Innenarchitektur. Gelernt hat der Rosenheimer das Handwerk einst vom Vater. Heute restauriert er antike Stühle und Korbwaren, deren althergebrachte Muster kaum noch jemand kennt. Vor allem aber flechtet, wickelt und gestaltet er innenarchitektonische Gestaltungselemente – von Verkleidungen für Sauna, Balkon und Decke über Lampenschirme, Trennwände oder Pflanztröge – sowie „zwischendurch" kunstvolle Objekte aus Weiden- und Bambusrohr. Für die Rosenheimer Landesgartenschau plante er einen über 100 Quadratmeter großen und rund 3,50 Meter hohen Raum aus Bambusgeflecht. Dabei wollte er sein Tragwerk nicht nur inmitten der Natur platzieren, sondern diese direkt in sein Projekt mit einbeziehen. Und so begegnet dem Gast beim Betreten des offenen und luftigen Bauwerks ein faszinierendes Licht- und Schattenspiel, das die Sonne aus dem Geflecht entstehen lässt und das sich im Laufe des Tages stets aufs Neue inszeniert. Um solch dreidimensionale Bauten formschön zu flechten, braucht es ein exzellentes Gefühl für das leicht biegsame Material sowie eine ausgezeichnete räumliche Vorstellungskraft. Die Kunst beim Flechtwerk besteht für Johann Bachinger vor allem darin, das Unregelmäßige, das Archaische des Naturprodukts ästhetisch vollendet in Form zu bringen. Zu flechten bedeutet für ihn, zu ordnen, und zwar so, dass es dennoch optisch ungeordnet bleibt. Zudem sollen seine Kunstwerke zum Hinschauen animieren, anregen, die ganz eigenen Gedanken zu finden – ganz gleich, was man mit dem jeweiligen Objekt verbindet.

Behaglich eingerichtet

■ Das Schreinern ist ein sehr altes und äußerst angesehenes Handwerk, das in der Region gern als Beruf ergriffen wird. Früher stand der Schreiner gemeinsam mit seinen verwandten holzverarbeitenden Berufen wie dem Zimmerer in einem Verbund. Erst ungefähr ab dem zwölften Jahrhundert spaltete sich das Tischlerhandwerk hiervon ab. In der Gotik stellten der Adel und allen voran der Klerus gehobene Ansprüche an die schreinernden Handwerker, die nun Chorgestühle und Altäre von bester Qualität und formschöner Ausgestaltung fertigen sollten. Im Laufe der Zeit entwickelte sich auch beim wohlhabenden Bürgertum der Wunsch nach einer gehobenen Wohnkultur. Damit stieg der Bedarf an handwerklich gekonnt sowie kunstvoll geschreinertem Mobiliar, das den Status des Besitzers hervorheben sollte. Die Innenausstattung wurde ergänzt um stilvolle Accessoires – und so etablierten sich weitere Holzverarbeitungsberufe wie Kunstschreiner, Schnitzer, Bildhauer und Vergolder.

Noch heute finden sich im Chiemgau auf engem Raum ein große Anzahl an Schreinern, die sich auf die Herstellung von hochwertigen

Vollholzmöbeln spezialisiert haben. Dabei mag sowohl die Verfügbarkeit des Materials eine Rolle gespielt haben, wie auch die zahllosen, bezaubernd ausgestatteten Bauernstuben, deren typisches Mobiliar etliche Nachahmer unter den Einheimischen wie durchreisenden Gästen gefunden hat. Einst zeugten reich verzierte Bauernschränke vom Wohlstand ihrer Besitzer. Sobald eine Bauernhochzeit anstand, hatten die Schreiner im Ort besonders viel zu tun, galt es doch, die Aussteuer der Braut zu fertigen. Ihr gesamtes Hab und Gut, das sie mit in die Ehe brachte, wurde feierlich auf einem Hochzeitswagen, dem Kammerwagen, kunstvoll drapiert und einige Zeit vor der Hochzeit unter großer Aufregung zum neuen Heim der Braut gefahren – offen einsehbar für die Nachbarn sowie all jene, die des Weges waren: Neben fein mit Monogrammen bestickter Tisch- und Bettwäsche, leinernen Tüchern, kostbaren Klosterarbeiten oder verzierten Wachsstöcken fanden sich dabei auch Himmelbetten, Kommoden, Tische und Stühle sowie alles Küchengerät. Der Tross, einschließlich der meist prächtig geschmückten, hinten angebundenen Brautkuh, zog so mitsamt der Handwerker zum Hof des Bräutigams. Dabei wurden sie von am Wegesrand stehenden Schützen mit Schüssen begrüßt sowie von Kindern und ärmeren Leuten mit Stangen und Seilen aufgehalten, die um ein Trinkgeld anhielten. Braut und Bräutigam nahmen die kleine Gesellschaft dann in Empfang – nach dem gemeinsamen Ausladen sowie einem gemeinsamen Mahl kehrte die Braut auf dem leeren Wagen dann wieder zurück ins „alte" Heim.

schreinerei
lampersberger

Wohnen in der Natur

■ Die Liebe zum Holz ließ Martin Lampersberger Schreinermeister und Zimmerer werden. Seit 2004 fertigt er nun im eigenen Betrieb faszinierende Massivholzmöbel nach Maß, die in ihrer puristischen Schlichtheit bestechen und so dem Holz und seinem unverwechselbaren Eigenleben den Vortritt lassen.
Für Martin Lampersberger sind es gerade die Einwachsungen, Einschlüsse und abgebrochenen Äste, die es hervorzuheben gilt. Sie spiegeln für ihn – wie Wunden auf der Haut – die individuellen Vorkommnisse im Leben eines Baumes wider. Damit aus diesen, früher eher als minderwertig angesehenen Hölzern solch bezeichnend schöne Möbel mit lebendigen, äußerst interessanten Oberflächen entstehen, braucht es viel Sachverstand. Denn neben der vorausschauenden Auswahl ist vor allem der richtige Zuschnitt von Bedeutung, damit sich die markanten Holzmaserungen nachher zu einem stilvollen Bild zusammenfügen. Mit seinem faszinierenden Mobiliar bringt Martin Lampersberger zudem ein Stück weit die Natur ins Haus, denn mit jeder Berührung fühlt man das, was Holz ausmacht – einschließlich seiner Einkerbungen und Löcher. Die Vision vom „Wohnen in der Natur" führt er auch bei der Präsentation seiner Exponate fort: So setzt er sein Mobiliar gekonnt im Freien in Szene. Darüber hinaus versieht er es noch mit wortgewitzten Namen – seinen Couchtisch stellt er als „puris Tisch" vor, das Nachtkästchen wird zum „Nachtschrank bei Morgengrauen am See in einem Kleid aus Elsbeere". Bei so viel Liebe zum Detail könnte man meinen, dass es dem Bad Endorfer schwerfällt, sich von seinen Schreinerarbeiten zu trennen. Doch weit gefehlt – denn nie schaut Martin Lampersberger zurück, sondern stets feilt er daran, wie seine Stücke noch schöner werden könnten.

Schreinerei Lampersberger
Martin Lampersberger

Berg 7
83549 Eiselfing

Telefon 08071/922512
Telefax 08071/922814
www.schreinerei-lampersberger.de

„Schuss für Schuss" von Hand gefertigt

Simssee Handweberei
Alfred und Elke Licht

Hofgartenstraße 9
83071 Stephanskirchen-Waldering

Telefon 0 80 36 / 21 89
Telefax 0 80 36 / 28 55
www.lichtteppich.de

Wer bei der Ausstattung seiner Wohnräume das Besondere sucht, ist mit der „Simssee Handweberei" von Alfred und Elke Licht gut beraten. Auf 120 Quadratmetern bieten die beiden eine ungemein vielseitige Auswahl an handgewebten Schurwoll- sowie Fleckerlteppichen, die individuell gestaltet und nach Maß gefertigt werden. In ihrem luftig hellen Ladengeschäft warten sie mit rund 400 Modellen in unterschiedlichen Farben, Mustern und Qualitäten auf. Zahllose Musterteppiche, die bei Gefallen auch sofort erstanden werden können, bieten ausreichend Anregung für den eigens kreierten Bodenbelag. Gewebt wird in den hinteren Räumen, wo fünf Webstühle stehen, auf denen die schadstoffgeprüften reinen Schurwollteppiche in liebevoller Handarbeit „Schuss für Schuss" entstehen. Gerne zeigen Webermeister Alfred Licht sowie sein Vater Erwin Licht die einzelnen Schritte des aufwendigen Herstellungsprozesses. Rund eine Stunde braucht es, bis ein Quadratmeter Teppich gewoben ist. Verarbeitet wird ausschließlich reine Schurwolle – das heißt das Haar vom lebenden Schaf – sowie Jute und Baumwolle. Die allseits beliebten bunten Fleckerlteppiche entstehen aus hochwertigen fabrikneuen Textilresten. Schon als Kind war sich Alfred Licht sicher, dass er in die vorgegebenen Fußstapfen des Vaters treten würde. Gerade die individuelle Fertigung von Hand, die persönliche Beratung sowie das gemeinsame Umsetzen und letztlich die große Freude, wenn sich ein Kundenwunsch in bester Weise realisieren ließ, sind für ihn und die Textilmustergestalterin Elke Licht erfüllende Motivation und Herausforderung zugleich.

Antikes Holz zeitgemäß verarbeitet

Wer das Alte liebt, auf modernen Komfort aber nicht verzichten möchte, dem sei der Seeoner Schreinermeister Klaus Janson empfohlen. In seinem schmucken Haus – dem ehemaligen Zimmererstadl des nahen Klosters Seeon – findet der Gast auf 190 Quadratmetern hölzernes Mobiliar in faszinierendem Design.
Schon die Fassade des mit schönstem Bundwerk verzierten Hauses verblüfft, denn das Haus ist nur dem Anschein nach original; vielmehr entstammt ein Großteil der Fassade sowie der Innenausstattung der Kreativität und Handwerkskunst von Klaus Janson. Dazu verarbeitete er über hundert Jahre altes Holz, das der Schreinermeister aus abgetretenen Fußböden, verwitterten Wetterschenkeln oder ehemaligen Balken gewinnt. Bis er das alte Material zu neuem Glanz erwecken kann, sind aufwendige Arbeiten nötig, denn das Holz muss gesäubert und nach Metallteilen untersucht werden. Danach wird es getrocknet, um es – thermisch – von einem eventuellen Wurmbefall zu befreien. In seiner Werkstatt entsteht daraus ursprünglich anmutendes Interieur, gefertigt in zeitgemäßen Verfahren und ausgestattet mit neuester Technik. So besitzen seine Türen und Fenster modernste Schließ- und Sicherheitsmechanismen. Seine rustikalen Tische bietet er rundverleimt oder mit handbemalten Motiven an, die Landhausböden mit bis zu 5,50 Metern Länge, verlegt mit fallenden Breiten, das heißt so breit, wie sie gewachsen sind. Damit das Holz in Form bleibt, fertigt er es im Dreischicht-Plattensystem. Dabei wird die oberste alte Holzplatte mit zwei weiteren fixiert. Die Kunst beim Arbeiten mit Altholz ist es, die unterschiedlich verwitterten Stücke so zu vereinen, dass sie ein harmonisches Gesamtbild ergeben. Klaus Jansons Unikate besitzen Charme, Charakter sowie natürliche Gemütlichkeit, die bei aller historischen Patina stets lebendig erscheint.

Wohnen
Klaus Janson

Klosterweg 30
83370 Seeon

Telefon 0 86 24 / 82 99 66
Telefax 0 86 24 / 82 99 79
www.wohnen-janson.de

Wo Schönes aus „Baaz" entsteht

Simsseekeramik
Lotte Stocker

Schlierholzstraße 1a
83083 Riedering/Ecking

Telefon 08036/3036838
Telefax 08036/304434
www.simsseekeramik.de

Lotte Stocker wusste schon als kleines Kind ganz genau, was sie werden wollte. Die gelernte Keramikmeisterin war früh fasziniert davon, wie aus einem „Batzen" Lehm so etwas Schönes wie die hübschen Vasen, Teller und Tassen in der Töpferei ihres Vaters entstehen kann. Ihre Ausbildung absolvierte sie im elterlichen Betrieb. Danach zog es sie hinaus auf die Wanderschaft, die sie auch in den Chiemgau brachte. Hier blieb sie der Liebe wegen und so können nun all ihre schönen Keramikarbeiten in dem reizenden Geschäft in Ecking hoch über dem Simssee bewundert werden: von Tassen über Teller, auch mit speziellen Widmungen, bis hin zu Ofenkacheln und niedlichen Tieren für den Setzkasten. Einen Großteil ihrer Arbeiten fertigt sie dabei individuell nach Kundenwunsch. Wer möchte, kann ihr dabei über die Schulter sehen, denn ihre Töpferscheibe dreht sich gleich hinter dem nachmittags geöffneten Laden. „Wie von Zauberhand geformt" entstehen hier nach dem Trocknen, Brennen, Bemalen und Glasieren die hübschen Töpferarbeiten. Und jedes Mal aufs Neue ist es für die Keramikmeisterin spannend, wenn sie nach dem letzten Glasurbrand schaut, ob das Muster wohl gelungen und alles heil geblieben ist. Gern verwendet sie dabei die vom Vater eigens entwickelte charmante graue Glasur mit braunen Tupfern auf der Oberfläche. Ebenso zieren, zurückhaltend aufgetragen, klassische Muster wie Bordüren oder Rosetten die Keramiken. Aufgrund der dünn geformten Ränder erklingen zudem auch großformatige Schüsseln in angenehmem Ton. Vielleicht liegt das aber auch daran, dass Lotte Stocker beim Töpfern stets versucht, positive Gedanken zu hegen – denn dann „läuft es gut von der Hand".

Gesundes Wohnen in allen Stilen

Eigentlich wollte Schreinermeister Hans Saringer nach seiner Lehre Innenarchitekt werden, weshalb er die Fachoberschule für Gestaltung in München besuchte. Doch bald bemerkte er, dass er seine Ideen nicht nur entwerfen, sondern auch in der eigenen Schreinerei handwerklich umsetzen wollte.

Seit 1988 entstehen nun in seiner Werkstatt maßgefertigte Einrichtungen und Möbel mit natürlichen Oberflächen für alle Wohnbereiche wie Garderoben, Küchen, Essplätze, Wohn-, Schlaf- und Kinderzimmer sowie Büros. Das stilistische Repertoire reicht dabei von der frühen Gotik über den Jugendstil und die Postmoderne bis hin zum Neokubismus unserer Tage. Neben dem Stil prägen die Möglichkeiten des Materials sowie die Funktion die Form seiner Möbel – so unterschiedliche Höhen für verschiedene Arbeitsbereiche, bequeme, ergonomisch gestaltete Bänke und Stühle oder der Einsatz von Zirbenholz im Schlafzimmer, der erwiesenermaßen die nächtliche Ruhe sichert, da die ätherischen Öle des Baumes die Pulsfrequenz senken. Vor allem sind es aber die Wünsche und Bedürfnisse, Vorlieben und Vorstellungen der Kunden, die den Schreinerarbeiten ihren unverwechselbaren Charakter und den Charme echter Individualität verleihen. Im Rosenheimer Möbelfachgeschäft „Saringer Wohnen" in der Innstraße, das von Bruder Max geführt wird, können sich Interessierte von der Qualität der Möbel überzeugen. Hier wird kompetent und engagiert beraten, werden Ausführungsvorschläge erarbeitet und Kostenangebote erstellt. Zur Seite stehen den beiden die Söhne von Max: Nico Saringer in Rosenheim und Jan Saringer in der Schreinerei; hier sorgen zudem die langjährigen Mitarbeiter Horst Scheithauer und Christian Stocker für dauerhaft beste Qualität.

Schreinerei Saringer
Hans Saringer

Deutelstätt 3
83109 Großkarolinenfeld

Telefon 08061/30214
Telefax 08061/36485
www.schreinerei-saringer.de

Kunstvoll ausgeschmückt

Die aufwendig verzierten Klosterarbeiten stellen mit Sicherheit eine der kostbarsten Kunstfertigkeiten der Region dar, die in ihrem Liebreiz und ihrer prunk- wie demutsvollen Pracht zugleich faszinieren. Dabei sind es nur noch wenige Menschen, die das diffizile, wahre Engelsgeduld erfordernde Kunsthandwerk beherrschen. Die Technik entstand im Mittelalter, wo sie von den Ordensschwestern der Klöster in stiller Andacht und meditativer Ruhe umgesetzt wurde. Viele der prächtigen Arbeiten von einst dienen heute noch als Vorlagen. Unter einer Klosterarbeit versteht man eine „zu Bild gewordene Andacht" – mit ihr soll die Mutter Gottes, das Jesuskind oder ein Heiliger geehrt werden. Sie dienten als Andachtsgegenstand für den Hausaltar und damit dem Schutz von Haus und Hof. Ebenso fasste man damit Reliquien ein, die so mit einem „geschlossenen Bild" vor dem Zerfall bewahrt werden konnten. Eine Klosterarbeit besteht meistens aus einem hölzernen Kästchen, das von einer Glasscheibe bedeckt wird. Der Inhalt kann so – einem Bild gleich – gerahmt an die Wand gehängt oder stehend auf einem Altar platziert werden. Im Zentrum steht dabei eine Wachsfigur, ein Andachtsbild oder eine Schnitzarbeit mit religiösem Hintergrund, die mit prachtvollen Stoffen aus Samt, Seide, Brokat oder Parament (Stoffe, die im kirchlichen Verlauf gebraucht werden wie Decken oder Priestergewänder), edlen Spitzen, glänzenden Edelsteinen sowie selbst gedrehten und gewickelten Gold- oder Silberfäden, die zu eigens gefertigten Blumen, Rosetten oder Ranken werden, aufwendigst verziert sind. Ebenso können darin Kreuze, Mitbringsel von Wallfahrtsorten sowie alle Dinge, von denen man sich Heilkräfte und Schutz verspricht, schön drapiert aufbewahrt werden.

Dabei wird jedes Einzelteil von Hand gefertigt oder genäht; nichts darf geklebt werden. Zudem steckt viel Symbolik in all den vielfältigen Details.
Ihre Blütezeit hatten die Klosterarbeiten während des Barocks, als die Gegenreformation eine religiöse Erneuerung schuf, die wieder hin zu allem Schönen führte. Für die Klöster bot sich damit zudem eine weitere Einnahmequelle. Denn gern kauften sich die Bürger solche Arbeiten, um sie als Votivgaben in Kirchen und Klöstern zu hinterlegen. Die Welt ist voller Schrecken – immer aber gab es auch Heilige und Wunder, die halfen und den Menschen Mut und Hoffnung schenkten. So verbargen viele Gläubige in ihren Klosterarbeiten – eingelegt zwischen der Kastenrücken und dem Bildhintergrund – noch einen handgeschriebenen Bitt- oder Dankesbrief, der die innigsten Wünsche und Fürbitten wie auch ein Gebet oder einen positiven Satz beinhalten konnte. Gern bestückten die Gläubigen damit ihre Hausaltäre, um sich so etwas Heiliges ins Heim zu holen, das vor Unheil, Krankheit oder Ernteverlust schützen sollte. Als Wettersegen genannte Klosterarbeiten wurden beispielsweise an eine nach Westen gerichtete Stelle im Haus angebracht, da von hier die Unwetter heranzogen.
Als Motiv verwendet man häufig das „Fatschenkindl" – das gewickelte Jesuskind, das auf Kissen und samtigen Unterlagen gebettet liegt. Fast könnte man bei der liebevollen Detailarbeit vieler Klosterarbeiten meinen, man spüre förmlich die weibliche Fürsorge und gefühlvolle Pflege einer liebenden Mutter, die auch die Nonnen gefühlt haben mussten. Auch das Zungensymbol ist oft als Mittelpunkt in den Arbeiten zu finden; es erinnert an den Brückenheiligen Nepomuk, der einst in Prag von der Brücke

gestoßen wurde, weil er ein Beichtgeheimnis nicht verraten wollte. Die Mutter-Anna-Hand ist ein ebenso beliebtes, uraltes Motiv. Es soll die Hand der Mutter von Maria symbolisieren, die als spät Gebärende vor allem Schwangeren Schutz bietet. Ihre braune Hand, mit der sie symbolisch dargestellt wird, soll einst auf einem Markt gefunden und dann als Reliquie gehandelt worden sein. Eine weitere Variante der Klosterarbeiten sind sogenannte Schluckbilder, die der Größe einer Briefmarke nachempfunden sind und tatsächlich geschluckt wurden – auch davon versprach man sich Heilung. Weitere beliebte Motive sind das Lamm Gottes oder das Herz Jesu sowie das Herz Marien. Die ärmere Bevölkerung, die sich kostbare Materialien nicht leisten konnte, stellte sogenannte Fetzerlbilder her – Collagen aus Altpapier. Gerne kreierte man Klosterarbeiten auch in Form von Reisealtärchen, die aufgeklappt Heiligenbilder offenbarten; davon versprach man sich Schutz auf allen Wegen.

Bei der Ausgestaltung der filigranen Klosterarbeiten sind der Fantasie und Kunstfertigkeit keine Grenzen gesetzt – wesentlicher Aspekt ist eine vollendete Farbharmonie, die das Votivbild umhüllt. Da die Mönche und Nonnen der Klöster demütig und bescheiden arbeiteten, sind keine der kreativen Künstler namentlich bekannt. Lediglich Adalbert Eder, der von 1707 bis 1777 lebte und im Zisterzienser Kloster Waldsassen bei Tirschenreuth ansässig war, ist als Meister der Reliquienfasser sowie für seine Höchstleistungen bekannt und verehrt. Dem faszinierenden Charme der detailverliebten Klosterarbeiten erliegt man schnell – ihr ganz besonderer Zauber entfaltet sich aber vor allem mit Eintritt der Dämmerung – denn dann entfacht das einfallende Licht ihren wahren Glanz.

Räume mit Farbe gefühlvoll erwecken

Farben wecken Emotionen und fördern unser Lebensgefühl auf ganz besondere Weise. Wandmalerei verleiht jedem Ort etwas Einzigartiges. Wer seinen Räumen so zu mehr Ausstrahlung verhelfen möchte, findet in Johannes Klinger einen professionellen Künstler – der Wohnraum in ein erlebbares Zuhause verwandelt. Nichts verändert einen Platz so wirkungsvoll wie der innovative Umgang mit Farbe. Mit individuell abgestimmten Gestaltungskonzepten bringt Johannes Klinger das Wesen eines Raums zum Vorschein. Seine Wandmalereien machen ihn zu einem unverwechselbaren Ort. Dabei orientiert er sich stets an der gegebenen Situation – erspürt, was die Kunden wie auch die Räumlichkeiten benötigen. Als Kirchenmaler und Restaurator beherrscht er dazu die gesamte Klaviatur künstlerischen Schaffens. Und dieses Spektrum ist außergewöhnlich groß, es reicht von antiken Fresken und klassischer Wandmalerei über mediterrane und moderne Wohnatmosphären bis hin zu puristisch anmutenden Designböden. Gerade dies gibt ihm die Möglichkeit, höchst individuell auf seine Kunden einzugehen und diese zu überraschen. Dabei ist jede Beratung und Wandgestaltung genau auf die Bedürfnisse der Bewohner sowie den Gegebenheiten vor Ort angepasst – sie lassen Wohnräume wie Interieur zu einer stimmigen Einheit verschmelzen. Seit 25 Jahren verwandelt Johannes Klinger Wohnungen und Häuser in inspirierende Lebensräume,

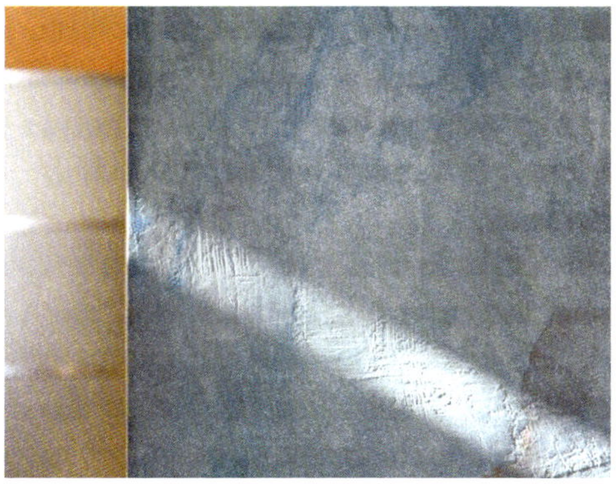

in denen sich die Bewohner wohlfühlen und zu sich selbst finden können. Gerade in Zeiten von Vervielfältigung und Massenproduktion erhält für ihn die persönliche Handschrift einen immer wichtigeren Stellenwert. Für seine Leistungen in der Innenraumgestaltung wurde Johannes Klinger mit dem deutschen Werkkunstpreis ausgezeichnet.

Farbgestaltung / Wandmalerei
Johannes Klinger

Hochstätt 9
83253 Rimsting

Telefon 08054/7898
Mobil 0151/24149554
www.johannesklinger.de

Kunstvolles aus farbigem Glas

Hardy Magis Glasobjekte
Hardy Magis

Am Salzstadel 16
83022 Rosenheim

Telefon 08031/3040366
www.glasobjekte-magis.de

Wer seinen Wohnraum mit etwas Farbe schmücken möchte, findet bei Hardy Magis Glasobjekte, die neben Licht, auch etwas Freude ins Leben bringen.
Zum Glas kam der studierte Betriebswirt auf einer USA-Reise. Hier entdeckte er die Kunst, aus farbigem Glas zauberhafte Objekte entstehen zu lassen. Völlig begeistert begann er zu Hause, erste Spiegel und Lampen für den Eigenbedarf zu fertigen. Mittlerweile hat er seine Vorgehensweise perfektioniert – und so entstehen in der eigenen Werkstatt seit Mitte der 1980er-Jahre Kunstverglasungen, Lampen aller Art sowie Spiegel und Glasbilder in einer eigens entwickelten Technik, die sich an den bekannten Tiffany-Stil anlehnt. Für seine Unikate, die er auch nach Kundenwunsch inszeniert, entwirft er Skizzen, die er auf Originalgröße übersetzt. Dann nummeriert er alle Einzelteile und schneidet nach ihnen die Glaselemente aus. Einem Puzzle gleich setzt Hardy Magis diese dann wieder zusammen, umhüllt ihre Ränder mit Kupferfolie und fixiert sie, indem er Zinn darauf lötet. Für seine stilvollen Verglasungen verwendet er hochwertige, meist mundgeblasene oder handgearbeitete Gläser. Im Gegensatz zum verspielten Jugendstil ist Hardy Magis´ Design geradlinig, klar und zeitgemäß. Dennoch besitzen alle seine Arbeiten eine Leichtigkeit, obwohl der Autodidakt sie exakt nach Maß entwirft – und zwar unter Zuhilfenahme von Proportionen, die sich aus der Natur ableiten. Schon die alten Ägypter oder Griechen bedienten sich dieser Methode, die eine ästhetische Harmonie entstehen lässt, die immer fröhlich und heiter wirkt. Bei aller Schönheit sollen seine vollendeten gläsernen Objekte stets auch ihre Funktion erfüllen. Diesen Mittelweg zu finden, diese Gratwanderung zu meistern, darin sieht Hardy Magis die wahre Kunst.

Kraftvolle Natur vollendet inszeniert

■ Die Ausdruckskraft von Hörnern und Geweihen faszinierte Reinhard Deyerl seit jeher. Für ihn spiegelt sich darin die ganze Kraft der Natur mit all ihrer Stärke und Schönheit. Seit 2008 widmet er sich nun seiner Leidenschaft und kreiert formvollendete Objekte – als Hommage an das Geschöpf.
Geweihe sind für Reinhard Deyerl etwas Unbeugsames, denn die erhabenen Tiere senken den Kopf nicht aus Demut, sondern um dem Leben die Stirn zu bieten. Weshalb er seine Geweihe und Hörner so belässt, wie die Natur sie schuf. Zunächst werden die aus einer Zucht stammenden Geweihe gründlich mit Wasser gebürstet; danach schleift Reinhard Deyerl sie so lange, bis sie samtig und edel schimmern. Für seine Objekte arrangiert er symmetrisch geformte Abwurfstangen derart, dass sie sich zu einem harmonischen Ganzen fügen, das leicht und wie zufällig zusammengesteckt wirkt – dabei sind sie alle sorgfältig, aber unsichtbar verschraubt, denn sie sollen zwar schön, aber auch funktionell und stabil sein. Die natürliche Ausdruckskraft seiner Modelle unterstreicht er gekonnt mit Licht – und lässt seine Hörner und Geweihe so in vollkommener Eleganz erstrahlen. Eine stattliche Auswahl seiner Arbeiten findet man in seinen Arlachinger Ausstellungsräumen. Gern fertigt der Designer aber auch nach Wunsch. Mit seinen schönen, wilden Unikaten will Reinhard Deyerl die Natur ins Haus holen. Seine Inspiration bezieht er dabei aus dem hohen Respekt gegenüber der Natur und ihren Geschöpfen. Ihm obliegt lediglich die Aufgabe, dieser natürlich geschaffenen Kunst den gebührenden Rahmen zu verleihen, sie nicht nur in ihrer Schönheit zu bewahren, sondern sie in vollendeter Ästhetik ins rechte Licht zu rücken.

Schönes und Wildes aus Geweih und Horn
Reinhard Deyerl

Am Anger 8
83339 Chieming-Arlaching am Chiemsee

Telefon 01 71 / 7 12 19 83
www.deyerl.com

Wo stilvoll gedrechselte Kunst entsteht

Riedl Design
Martin Riedl

Mattinastraße 16
83059 Kolbermoor

Telefon 0 80 31 / 9 59 75
Telefax 0 80 31 / 9 59 75

Der Schreiner Martin Riedl hegt seit jeher eine innige Liebe zum Holz. Dabei hat es ihm vor allem die Drechslerei angetan. Als Autodidakt eignete er sich alle nötigen Kenntnisse an und fertigt nun bezaubernd schöne Schalen, die in ihrer Anmut bestechen, sodass man sie lieber ansehen als nutzen will. Für seine außergewöhnlichen Gefäße verwendet Martin Riedl vorwiegend heimisches Holz, das er sich bei Bauern oder im Wald holt. Schon beim Betrachten der Rinde erkennt der sympathische Schreiner, ob sich hinter der „rauen Fassade“ etwas Besonderes verbirgt - oftmals weisen gerade Unregelmäßigkeiten oder Ausbuchtungen auf faszinierendes Kernholz hin. Gleich beim Betreten der kleinen Werkstatt begegnet einem eine Fülle an verblüffend intensiven Aromen - herb von Nussholz, Esche oder Eiche, süß von allen Obstgewächsen. Am liebsten verarbeitet Martin Riedl frisch geschnittenes Holz, denn dies ist weich und lässt sich leicht in ungewöhnliche Formen ziehen. Gern kreiert er oben zulaufende bauchige Schalen, die auf schmalem Fuß stehen, sie symbolisieren Schutz und Geborgenheit. Die größten seiner stets aus einem Stück gefertigten Exponate sind im Durchmesser bis zu 75 Zentimeter groß. Außergewöhnlich ist auch die Haptik der eleganten Gefäße, denn sie sind äußerst glatt, beinahe sanft. Um solche Oberflächen zu erzielen, muss Martin Riedl sie immer wieder schleifen und wässern. Zum Schluss veredelt er sie mit Olivenöl, was die Farbgebung noch intensiviert.

Auch wenn ein Gefäß dann vollendet ist, so ist Martin Riedl doch noch nicht fertig mit ihm. Denn es fällt ihm schwer, seine Unikate loszulassen. Vielmehr braucht er noch einige Zeit des Betrachtens, um sich schließlich zu verabschieden - und sie dann ihrer eigentlichen Bestimmung zu übergeben - dem alltäglichen Einsatz in der Küche.

Glück und Glas – wie leicht bricht das

Nicht so, wenn Andreas Rieder am Werke ist. Denn mit ihm ist ein wahrer Meister seiner Zunft zugange, den das zerbrechliche Material zudem zu faszinierenden Objekten inspiriert. Seit jeher wollte der Inzeller nicht nur Flachglas bearbeiten, sondern den Stoff – der eigentlich ein Zustand, nämlich eine erstarrte Flüssigkeit ist – auch gießen, schleifen oder schmelzen. So besuchte er die Sommerakademie Bild-Werk Frauenau. Hiervon angespornt kreierte er die „Reise nach Island", für die er Glas in offener Form schmolz und es quasi als Eis auf einer schwarzen Glasplatte anordnete. Seine Numen, die „gestaltlos göttlichen Figuren", stellt er im Sandguss her: Dazu gießt er 1 300 °C heißes flüssiges Glas in Sand; wieder abgekühlt, schleift oder graviert er es. Für seine bunte „Gesellschaft" verschmolz er verschiedenfarbige Gläser; seine „Jerusalem-Fenster" setzen sich aus 144 bleiverglasten Quadraten zusammen. Die Restaurierung altehrwürdiger Glaserarbeiten ist ein weiteres Faible von Andreas Rieder. Hier setzt er auf authentische alte Techniken, mit denen er die ursprüngliche Aussagekraft der bezaubernden Glasmalereien an den Türen und Fenstern alter Häuser wiederherstellt. Für sein Engagement erhielt er dafür den „Bundespreis für Handwerk in der Denkmalpflege". Darüber hinaus plant, fertigt und repariert er auch herkömmliche Glaserarbeiten wie Ganzglasanlagen, Duschen, Türen, Fenster sowie Interieur – detailgenau und akkurat. Am Glas fasziniert Andreas Rieder vor allem das Spiel mit dem Licht. Die Durchsichtigkeit lässt Hintergründe einfließen und verleiht den Objekten Raum und Tiefe. Zudem erfordert das Material ein gehöriges Maß an Gleichmut, denn schnell ist es gebrochen und scheint auf ewig verloren – doch die Scherben bringen Glück.

glas kunst handwerk Rieder
Andreas Rieder

Traunsteiner Straße 41
83334 Inzell

Telefon 0 86 65 / 92 88 60
Telefax 0 86 65 / 92 82 00
www.glas-rieder.de

Kunstvoll der Natur entsprungen

Keramik Schelkle
Sigi Schelkle

Seilenauweg 4
83131 Nussdorf

Telefon 08034/7457
Telefax 08034/6369470
Mobil 0178/4889177
www.rakuengel.de

Beeindruckend das Spiel, das Feuer und Rauch inszenieren; faszinierend, was Sigi Schelkle daraus an Kunstvollem kreiert, denn ihre bezaubernd effektvollen Objekte entstehen vor allem durch eine gehörige Portion Glück.
Auf den japanischen Raku-Brand stieß die Arzthelferin durch Zufall – schnell war ihre Leidenschaft geweckt. Hier lassen sich faszinierende Muster mit natürlichen Prozessen erzielen, die man zwar beeinflussen, nicht aber steuern kann. Ihre frei geformten Tonobjekte bringt Sigi Schelkle nach einem härtenden Brand in den rund 1 000 °C heißen Raku-Ofen. Hier schmilzt die teilweise aufgetragene Glasur. Nun bettet sie das rot glühende Teil zum Abkühlen in Sägemehl, das sofort lichterloh brennt. Durch den Temperatursturz reißt die Glasur auf; sichtbar werden die anderen Stellen – geschwärzt vom Rauch. Mit weiteren Prozessen können Farben oder kupferne Schimmer hergestellt werden. Einen ähnlich dekorativen Effekt erzielt die Autodidaktin, indem sie die heiße Oberfläche mit Federn, Haaren oder Farnen ziert – die sofort einbrennen und eine bezaubernde linienartige Optik hinterlassen. Beim afrikanischen Grubenbrand mischt Sigi Schelkle dem Brand natürliche Materialien wie Algen, Moos, getrocknete Bananen oder Lauch bei – die im Zusammenspiel mit Feuer und Rauch Farbtöne auf den Ton zeichnen. Die so kreierten ausdrucksstarken Skulpturen und Vasen faszinieren in ihrer grazilen Silhouette und schlichten Schönheit – obwohl sie vor allem der Zufall schuf. Dies stellt für Sigi Schelkle aber gerade den großen Anreiz dar – denn trotz höchster Sorgfalt kann sie nie sicher sein, dass das Objekt den Brand überlebt und sich der gewünschte Effekt einstellt. All dies bleibt bis zuletzt der Natur überlassen – und damit auch für sie stets eine Überraschung.

Kreatives Stückwerk vom Feinsten

Einst dienten Patchwork-Arbeiten dazu, aus Altem Neues entstehen zu lassen. Heute kreiert Margareta Wackerle damit prachtvolle Kunstwerke – mit eigens bedruckten Stoffen, kunstfertig geführten Stichen sowie viel Fantasie und Kreativität.
Zum Quilt kam die Textildesignerin eher zufällig. Angespornt von ihrer Liebe zu Stoffen und neuen Herausforderungen wurde sie in den 1990er Jahren auf den Art-Quilt aufmerksam – und war fasziniert von der schier unbegrenzten Formenvielfalt. Autodidaktisch und in Kursen renommierter amerikanischer Künstler erlernte sie die aufwendige Herstellung des Quilts. Ursprünglich stammt der Quilt aus den USA. Um warme Decken zu erhalten, nutzten die Einwohner um 1800 alte Stoffe, die sie stückweise zusammennähten. Ein Quilt besteht aus dem Patchwork-Top, einem Vlies sowie einer Rückseite, die alle mit dem Quilt-Stich zusammengeheftet werden. Mit der Zeit wurde aus der Not eine Tugend – und aus dem schlichten Stich eine kunstvolle Ziernaht. Aus diesen schön verzierten, traditionellen Patchwork-Quilts entwickelte sich schließlich der Art-Quilt, bei dem der künstlerische Anspruch im Vordergrund steht. Margareta Wackerle fand im Quilten eine Möglichkeit, ihrer Fantasie in Farbe, Form und Struktur Ausdruck zu verleihen. Zudem reizte sie der hohe Anspruch an das kunsthandwerkliche Können, für das sie neue Techniken erlernen musste. Um ihre Ideen bestmöglich verwirklichen zu können, färbt die Künstlerin ihre Stoffe selbst und gestaltet sie mit Techniken wie dem Model-, Sieb- oder dem experimentellen Druck; wobei sie hierzu auch die Siebe und Model eigens herstellt. Der Stoffdruck avancierte so zum wichtigsten Element ihrer Art-Quilts. Ihre Inspiration bezieht Margareta Wackerle vor allem aus der Natur sowie aktuellen Themen. So angeregt, lässt sie sich spontan beim Färben, Drucken und Nähen von ihrer Intuition leiten. Mit ihren gesteppten Linien verbindet sie die Elemente ihrer Komposition, hebt sie optisch hervor oder bindet sie an und verleiht dem Bild so seine faszinierende Struktur und farbenfrohe Lebendigkeit. Dabei geht Margareta Wa-

Textilatelier Margareta Wackerle
Margareta Wackerle

Friesing 11
83122 Samerberg

Telefon 08032/7110
www.margaretawackerle.de

ckerle akribisch vor, probiert alle Stiche vorher aus und schaut, wie eine bestimmte Naht, ein spezieller Stich oder eine besondere Farbe wirkt und ob er zum Gesamtentwurf passt. Um die Nadel frei – einem Pinselstrich gleich – über den Stoff zu führen, nutzt sie die Stopftechnik der Nähmaschine, bei der die Transportfunktion ausgesetzt ist. So kreiert sie nicht nur Linien und Muster, sondern auch dreidimensionale Flächen. Zum Schluss säumt und verbindet sie die drei Stoffschichten wie einst von Hand.

Für Margareta Wackerle stellt das Quilten ein Malen mit Stoffen und Stichen dar; weshalb sie sich bei ihren Kompositionen auch an den Regeln abstrakter Kunst orientiert. Seit 2005 gehört sie der fünfköpfigen Künstlergruppe quinTEXsenz an, die großformatige Quilts zu speziellen Themen kreiert und europaweit ausstellt. Im gegenseitigen Austausch empfindet die Künstlerin einen großen Ansporn, der sie inspiriert – zudem verhilft das Quilten Margareta Wackerle trotz ihres jahrelangen Schaffens zu immer neuen Interpretationen – sodass sie darin nun die für sie stimmige künstlerische Ausdrucksform gefunden hat, „denn bei der Vielfalt dieser Technik ist man nie wirklich fertig".

UD

Lebendige Tradition

Die Oberbayern sind fromme wie feierlustige Erdenbewohner; Möglichkeiten, beides gekonnt zu vereinen, finden sich in der Region genügend, denn der Chiemgau ist nicht nur reich an Naturschönheiten, sondern auch an sehenswerten Festen. Sie führen den Gläubigen sowie alle Interessierten durch das katholische Kirchenjahr. Viele der Feierlichkeiten sind dabei seit Jahrhunderten bekannt und gern zelebrierter Brauch. Meist gehen sie auf einen religiösen Hintergrund zurück oder ehren einen Heiligen oder Schutzpatron.
Ein weithin bekanntes Spektakel, das sich kein Chiemgau-Besucher entgehen lassen sollte, ist das eindrucksvolle Maibaumaufstellen. Damit ist das feierliche Aufbauen eines meterlangen Baums an einem zentralen Platz im Ort gemeint. Oftmals handelt es sich dabei um die Gabe eines ansässigen Bauers. Der Baum wird dazu aufwendig mit den Zunfttafeln der heimischen Handwerker oder Motiven des edlen Spenders geschmückt und soll zur Ehr des Dorfes gereichen. Die ledigen Burschen vollbringen dann am ersten Mai mit purer Manneskraft dieses Kunststück – mit Unterstützung von zahlreichen applaudierenden Besuchern sowie einer zünftig aufspielenden Blasmusik. Das Schauspiel ist überaus sehenswert und kann sich über Stunden hinziehen. Denn – ursprünglich ausgeführt – steuern und hieven die Burschen den mächtigen Baumstamm nur mithilfe langer Stangen an seine richtige Position – was sehr viel Geschick und Übung benötigt – und einen erfahrenen Mann, der das ganze Geschehen strategisch lenkt. Wenn der Maibaum steht, wird ausgiebig bei Tanz und Musik gefeiert. Er bleibt dann je nach Region für ein oder zwei Jahre an dieser

Stelle stehen. In den Nächten davor muss er allerdings nach dem Fällen bestens von den ortsansässigen Burschen bewacht werden, denn die Jungen vom Nachbarort werden versuchen, ihn zu stehlen. Gelingt es ihnen, müssen die Bestohlenen wiederum verhandeln, den Baum mittels einer Auslöse in Form von Speis und Trank zurückzuholen. Einigen sich die Parteien, wird der gestohlene Baum – oft mit einem kleinen Umzug unter musikalischer Begleitung – zurückgebracht. Scheitern sie, bleibt der Baum im Dorf der Diebe, die ihn feierlich bei sich aufstellen – zur Schande der unachtsamen Verlierer. Nach einigen Wochen wird er zersägt und das Holz versteigert.

Weitere absolut sehenswerte Bräuche, die sich zu wahren Publikumsmagneten entwickelt haben, sind die Pferdewallfahrten, die zu Ehren des „Drachentöters", dem Heiligen Georg, und zu Ehren des Heiligen Leonhards stattfinden. Beide Ritte lassen sich auf Jahrhunderte zurückverfolgen. Der Georgiritt, mit dem der Schutzpatron der Pferde geehrt wird, findet seit Mitte des 18. Jahrhunderts statt. Obwohl sein Namenstag am 23. April ist, findet der Ritt nach alter Tradition meist am Ostermontag statt. Als der prächtigste gilt der in Traunstein; hier setzt sich ein Tross von Reitern, Fahnenschwingern, Trachtlern und Musikanten unter Glockengeläut, Fanfarenklängen und Trommelwirbel in Bewegung, um zur Georgskapelle in Ettendorf bei Traunstein zur gelangen. Den krönenden Abschluss der Wallfahrt bildet der außergewöhnliche Schwertertanz am Nachmittag. Die Leonhardi-Fahrten zu Ehren des Heiligen Leonhard, der als Schutzpatron der Pferde und landwirtschaftlichen Tiere gilt, sind seit Mitte des 15. Jahrhunderts bekannt und finden

hierzulande in etlichen Ortschaften um den 6. November statt. Höhepunkt beider Umritte sind jeweils die feierlichen Feldgottesdienste mit anschließender Pferdesegnung.
Das herausragende Fest im Herbst ist die Kirchweih oder Kirta, wie sie hier genannt wird. So beging bis vor rund hundert Jahren jedes Dorf am Jahrestag der Kirchweihe oder dem Namenstag des Kirchenpatrons sein eigenes Kirchweihfest, bei dem neben dem feierlichen Gottesdienst auch die Volksbelustigung mit Schaubuden und Gaumenfreuden nicht fehlen durfte. Da jede Kirche ein anderes Patronat besaß, uferten die Festlichkeiten aus, sodass sich die Kirche gemüßigt sah, einen festen Tag als einheitlichen Kirchweihtag festzulegen. Seither wird nun in ganz Bayern am dritten Oktoberwochenende die sogenannte „Allerweltskirchweih“ gefeiert – oft von Samstag bis Dienstag; der Montag wird stillschweigend als inoffizieller Feiertag gehandelt, an dem einige Geschäfte wie Institutionen geschlossen bleiben. Früher war in dieser Zeit die Ernte eingebracht und so gab es Grund zum Danken und Feiern. Tage zuvor wurde bereits damit begonnen, Gänse und Enten zu schlachten, zu backen und zu kochen. Nach wie vor gibt es an diesem Tag in den Wirtshäusern der Region und zu hause in den heimischen Küchen Schlemmereien wie Schmalzgebackenes und Gänsebraten zu verkosten. Mit den im heißen Fett gebackenen Schmalznudeln oder „Auszognen“ waren die Bäuerinnen bis weit in den Samstagabend hinein beschäftigt. Nach dem Gottesdienst am Sonntag ließ man sich dann zum gemeinsamen Mahl nieder. Für die unverheirateten Buam und Madln stellte der Kirtamarkt mit seinen Standln die eigentliche Attraktion dar. Hier konnten sie Lebkuchenher-

zen, Wachsstöckl und allerlei Liebreizendes erstehen, mit dem sie das Herz der Auserwählten erwärmen wollten; beim anschließenden Kirtatanz bot sich zudem eine gute und äußerst beliebte Gelegenheit, sich gegenseitig näher kennenzulernen. Bestens dazu geeignet war auch das „Kirtahutschn“. Dafür wurde ein langes breites Brett mit Ketten am Scheunendach festgemacht. Zwei kräftige Buben stellten sich an die jeweiligen Enden und begannen „zu schutzen“, das heißt den Balken in Bewegung zu schaukeln, bis er beinahe die Tennendecke erreichte – ganz zur Freude der in der Mitte sitzenden Dirndlschar. Und dabei fand sich so manches Paar …
Wenn sich zwei Liebende nun gefunden haben und gemeinsam den Bund der Ehe schlossen, kündigt sich meist auch schnell der Nachwuchs an. Um das freudige Ereignis gebührend zu feiern, begehen die Hiesigen die Fahrt des Weisertweckens. Dazu lassen Freunde und Nachbarn in Anlehnung an das Symbol des Lebens ein übergroßes Brot backen, das bis zu 20 Meter lang sein kann; mancherorts entspricht die Größe auch dem Gewicht des neugeborenen Kindes. Hübsch verziert wird dies den jungen Eltern ins Haus gebracht, wo es mit einem Brotmesser in Scheiben geschnitten und mit Braten oder Leberkas gemeinsam verspeist wird.

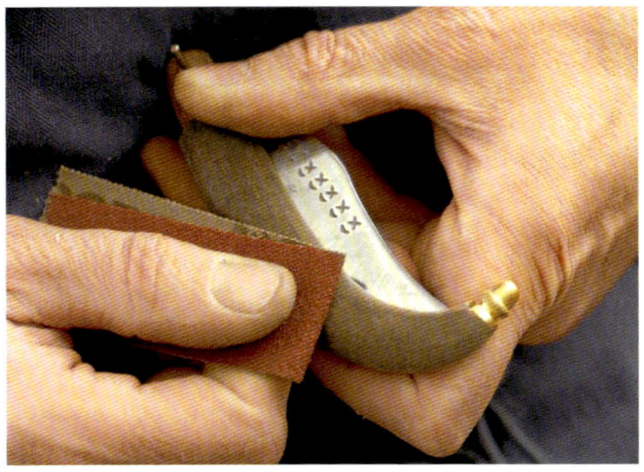

Prachtvolle Messer zur Ehr gereicht

Das Messer gilt seit jeher als Zeichen von Stand und Status. Auch Peter Pfaffinger erlag schon früh der Faszination dieses Werkzeugs. Seither befasst er sich mit dessen Kulturgeschichte – sowie mit der originalgetreuen traditionellen Fertigung. Spezialisiert hat sich der einstige Zahntechniker auf die historischen Bestecke und Messer der Alpenregion aus der Zeit vor dem 20. Jahrhundert. Sie dienten damals weniger der Speisung als vielmehr dem Ansehen und wurden – reich verziert – als ehrwürdiges Geschenk geschätzt. Die mit magischen Symbolen und Zeichen versehenen Drudenmesser hingegen sollten böse Geister wie Druden oder Mare fernhalten. Peter Pfaffinger fertigt seit Jahren solch bezeichnend schöne Messer – originalgetreu mit überlieferten Techniken und traditionellen Materialien wie schwarzem Ebenholz, Hörnern von Rind, Steinbock und Gams, Hirschknochen sowie Elfenbein, Perlmutt und Silber. Dabei vereint der Autodidakt, der sein Wissen aus Büchern sowie durch stetes Probieren erwarb, gleich mehrere historische Berufe in sich: Vom Schleifen der Klinge über die Gravur der Beschläge bis hin zur Lederscheide stammt alles aus seiner Hand. Seine Messerscheiden überzieht er dabei mit dem äußerst dehnbaren Leder des Aals. Für seine Bestecke kreierte er taillierte Scheiden, die den perfekten Halt sichern. Bei all seinem Tun lässt Peter Pfaffinger stets viel Herzblut einfließen. Und so braucht er immer etwas Zeit, um sich von seinen Unikaten zu verabschieden. Doch mit Blick auf den stolzen und funkelnden Glanz im Antlitz des neuen Besitzers, der sein prachtvolles Exemplar andächtig in Händen hält, empfängt auch Peter Pfaffinger den wahren Lohn seiner Arbeit.

Messermacher von Aschau
Peter Pfaffinger

Am Beerweiher 14
83229 Aschau im Chiemgau

Telefon 0 80 52 / 42 19
www.fuhrmannsmesser.de

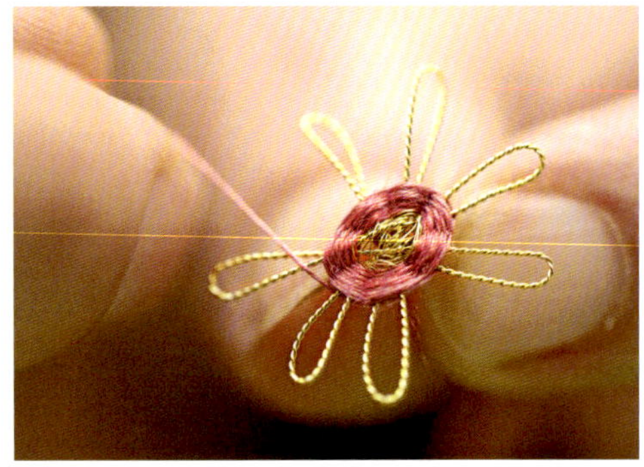

Kostbares voller Demut und Grazie

Klosterarbeiten
Elisabeth Riedl-Schindler

Ammersee Straße 2 b
83101 Rohrdorf-Lauterbach

Telefon 08032/189353

Klosterarbeiten entstanden im Stillen und gelten als eine „zu Bild gewordene Andacht". Seit 2000 pflegt Elisabeth Riedl-Schindler die Tradition der kunstvoll gefertigten Kostbarkeiten, „damit die Mühen von einst nicht umsonst waren". Gedacht waren sie einst zur Aufbewahrung von Reliquien, als Votivgabe oder als Schutz gegen jegliches Ungemach. Noch heute faszinieren die reich verzierten Wandbilder in ihrer stillen Pracht, ihrer meditativen Anmut und ihrer außergewöhnlichen Ausdruckskraft. Dabei benötigt es vor allem eine Engelsgeduld, um solch brillante Meisterwerke zu vollbringen. Elisabeth Riedl-Schindler besitzt diese Gabe – und zudem bestes Anschauungsmaterial. Denn Mutter Else, von der sie die Kunst einst lernte, war eine wahre Könnerin darin. Nach ihrem Tod beschloss die Kunsttherapeutin das Wissen um die Symbolik und die Machart, bei der alles von Hand gefertigt wird, in VHS-Kursen in Rosenheim und Bad Aibling weiterzugeben. Neben hoher Konzentration und viel Muse braucht es schöne Stoffe, einen Holzkasten mit Glasscheibe, einen Rahmen sowie allerlei Gold- und Silberfäden. Im Zentrum des Kunstwerks befindet sich das religiöse Herzstück – eine Wachsfigur, ein Andachtsbild oder eine Schnitzarbeit. Dieses wird würdevoll mit aus Gold- oder Silberfäden selbst gedrehten und gewickelten Details geschmückt. Zusammen mit Perlen und Edelsteinen wird alles auf- und angenäht. Wichtig ist es, eine harmonische Einheit zu schaffen, die prachtvoll und demütig zugleich ist. Elisabeth Riedl-Schindler hält mit ihren kleinen Kunstwerken das Andenken ihrer Mutter lebendig; darüber hinaus sieht sie darin aber auch einen kreativen und heilsamen Prozess, der die Menschen wieder ins Innere führt, – der „Stille einkehren lässt in einer Welt wie dieser".

Filigrane Schnitzereien aus Geweih

Seit jeher zieren Accessoires aus Geweih und Horn die standesgemäße Tracht. Wer hierbei Wert auf beste Handarbeit legt, sollte sich bei Siegi Stuhlmüller umschauen, denn der Riederinger ist einer der wenigen, die das traditionelle Kunsthandwerk noch in Vollendung beherrschen. Zur Hornschnitzerei kam Siegi Stuhlmüller vor rund 20 Jahren, als er selbst nach einem handgeschnitzten Anstecker suchte. Fasziniert von der Handwerkskunst beschloss er, sich die Technik mit viel Geduld und Ausdauer in Eigenregie anzueignen. Rund vier Jahre brauchte es, bis er mit seinen Ergebnissen erstmals zufrieden war. Denn bei aller Leichtigkeit im Anschein, ist es sehr schwierig, die beinahe steinharten Geweihstangen filigran von Hand zu bearbeiten. Äußerst kunstvoll schnitzt Stuhlmüller seit 1990 nun hauptberuflich bezaubernde Geweihrosetten, deren kronenähnlicher Rand als Rahmen für seine hübschen naturnahen Tiermotive dient. Daneben fertigt er für Kunden aus aller Welt reizende Edelweiße, die als Schmuck jede Trägerin zieren, Knöpfe, Griffe für Messer oder Korkenzieher sowie individuelle Motive nach Wunsch. Für Siegi Stuhlmüller besteht die Schwierigkeit beim Hornschnitzen vor allem darin, zu erkennen, was man aus dem jeweiligen Geweihstück gestalten kann; zudem braucht es viel Erfahrung und höchste Kunstfertigkeit, um aus diesem eher ungewöhnlichen Naturmaterial ein detailgetreues dreidimensionales Bild entstehen zu lassen. So kamen für das spektakuläre Wandbild, das er aus einer großen Elchschaufel schuf, auch Hammer und Stichel zum Einsatz. Mit seinen kleinen Kunstwerken schafft Stuhlmüller nicht nur bezaubernde Trachtenaccessoires, sondern bewahrt ein altbayerisches Kunsthandwerk in bester Weise – und das mit höchstem Engagement und viel Liebe zum Detail.

Hirschhornschnitzerei
Siegi Stuhlmüller

Rosenweg 3 a
83083 Riedering

Telefon 08036/7794
Telefax 08036/303825
www.hornschnitzerei-stuhlmueller.de

Edel bestickt in vollendeter Pracht

Federkielsticken
Franz Stelzer

Heubergstraße 1
83026 Rosenheim

Telefon 08031/46691

Wer zur Lederhose den stimmigen Gürtel sucht, könnte bei Franz Stelzer fündig werden. Denn der Rosenheimer eignete sich in jahrelanger Detailarbeit die rar gewordene Kunst des Federkielstickens an. Zum traditionellen Kunsthandwerk kam der Elektromeister, als er selbst nach einem zünftigen Ranzen Ausschau hielt. Da er nicht fündig wurde, beschloss er, sich das Handwerk selbst anzueignen. Es dauerte rund fünf Jahre, bis er die Technik beherrschte. Nachdem er für sich und seine Familie die ausdrucksstarken ledernen Gürtel bestickt hatte, fragten bald auch Freunde und andere Auftraggeber nach. Jedes seiner kunstvollen Prachtstücke ist dabei ein Unikat. Denn auch wenn er die Motive an alte Vorlagen anlehnt, so interpretiert er sie doch stets in Absprache mit den Kunden neu. Um eine harmonische Optik zu erzielen, müssen die Stiche äußerst regelmäßig und leicht überlappend sein. Als Nadel fungiert dabei das zugespitzte Endstück des Pfauenfederkiels. Mit ihm stickt er durch ein Loch, das er vorher mit einer von mehreren, unterschiedlich dicken selbst gefertigten Ahlen durchstoßen hat. Ist das Muster vollbracht, näht Franz Stelzer alle Details wie die Innentasche, die Gürtelschließe sowie den Lederschlauch von Hand an. Rund 200 Arbeitsstunden braucht es, bis solch ein prachtvolles Trachtenutensil vollendet ist. Interessierte weiht Franz Stelzer in die hohe Kunst des Federkielstickens gern ein. In Kursen vermittelt er alle Details – bis auf das größte Geheimnis der Zunft: die Kunst des Pfauenfederkielspaltens. Er selbst benötigte ein ganzes Jahr, bis er die Technik heraushatte. Neben einer immensen Hartnäckigkeit bedarf es dazu all das, was es früher auch schon gab – ein scharfes Messer, viel Zeit und ausreichend Geduld.

Franz Stelzer

Himmlische Klänge – brillant und warm

Finess Harfen
Harfenmanufaktur Johannes Fischer

Laiming 4
83112 Frasdorf

Telefon 08052/957745
Telefax 08052/957852
www.finess-harfen.de

Als passionierter Harfenist strebte Johannes Fischer es an, ein Instrument zu kreieren, das sowohl den warmen, weichen Ton seiner barocken Vorgänger als auch den heutigen Anspruch an exzellente Klarheit besitzt. Als gelernter Schreinermeister und Harfenbauer tüftelte er 6000 Stunden, bis ihm solch himmlischer Klang gelang.
Bereits mit neun Jahren erlernte Johannes Fischer die Kunst des Harfespielens. Dabei bemerkte er einige Verbesserungsansätze: So erschwerte die unausgewogene Ergonomie das Spielen und entlockte die moderne statische Bautechnologie dem Instrument einen eher hart klingenden Ton. Beseelt von der Idee, eine Harfe zu erschaffen, die die Wärme und Weichheit der barocken mit der Brillanz der heutigen Klangvorstellung vereint, machte er sich ans Werk. In zahllosen Stunden tüftelte er einige Finessen aus: So reduzierte er das Gewicht, indem er die Bauteile auf ein Minimum dimensionierte und Bergfichte statt Harthölzer verwendete – denn eine leichte Bauweise macht auch das Instrument schwingungsfreudiger. Zudem veränderte er den Schwung am Hals, sodass der Eingriff zum Spielen nun größer ist; optimierte er den Resonanzraum sowie den Sockel, was für ein höheres Klangvolumen sorgt. Zunächst nur im Verborgenen, fertigt Johannes Fischer seit 2003 exzellente Harfen nach Wunsch: Vom Schnitzen und Drechseln übers Lackieren und Vergolden bis hin zur perfekten Akustik stammt dabei alles aus seiner Hand. Drei Modelle stehen zur Wahl: die Piccola für höchste Ansprüche, die Virtuosa für professionelle Interpreten sowie die prunkvoll vergoldete Belleza für den Genießer. Für Johannes Fischer vermittelt die Harfe ihm und seinen Zuhörern Freude, „brennen ihre schmeichelnden Töne Wärme ins Herz“.

Frommen Menschen zur Ehr gespielt

Das Laienschauspiel hat in Oberbayern eine lange Tradition. Das Bad Endorfer Theater gilt als das drittälteste im Lande; seit 1790 finden hier Vorführungen statt, die stets religiöse Themen beinhalten.
Einst suchten die Hiesigen einen Weg, um ihre Kirchweih nicht nur mit Tanz und Musik zu begehen. Sie kamen auf die glorreiche Idee, ihren Kirchenpatronaten mit einem gottesfürchtigen Schauspiel zu ehren. Bis heute wird diese Tradition nun fortgesetzt – seit 1866 im eigenen Theaterhaus. Dabei bewahren die Bad Endorfer Akteure mit großer Begeisterung und viel Engagement die althergebrachte Tradition des Laienspiels; sehen ihre Intention aber auch darin, Menschen wieder aufleben zu lassen, die sich einst vorbildhaft der Nächstenliebe hingegeben haben – sei es die Selige Irmengard, die Heilige Elisabeth von Thüringen, Franz von Assisi, Bruder Konrad, Maria Lourdes oder Mutter Theresa. Bis zu 60 Schauspieler stehen dabei gemeinsam auf der Bühne – Generationen übergreifend vom Kleinkind bis zum Senior; viele davon gehören schon seit Jahrzehnten zur Gemeinschaft. Die Drehbücher stammen von Hausautoren, die ihre Dialoge den Talenten auf den Leib schreiben. Alle Kostüme werden eigens nach authentischen Vorlagen geschneidert, die Bühnenbilder von Hand bemalt. Premiere ist stets am Pfingstmontag; weitere Aufführungen finden an den folgenden zwölf Frei- und Sonntagen statt. Die Darbietungen sind dabei mit 4500 bis 9000 Zuschauern pro Saison stets gut besucht, darunter sind viele bekannte Würdenträger aus Kirche, Politik und Gesellschaft. Obwohl es keine Zweitbesetzung gibt, fiel bislang noch nie eine Vorstellung aus – sodass man fast glauben könnte, die „Heiligen halten ihre schützenden Hände über die Theatergesellschaft Bad Endorf".

Theatergesellschaft Bad Endorf

Bahnhofstraße 47
83093 Bad Endorf

Telefon 08053/3743
Telefax 08053/795091
www.theater-endorf.de

Wo Papier kunstvoll bewahrt wird

PappenStil
Bettina Maier

Sternstraße 4
83022 Rosenheim

Telefon 0 80 31 / 9 01 84 11
Telefax 0 80 31 / 9 01 84 11
www.buchbinderei-pappenstil.de

Wertvolles zu erhalten, war stets Bettina Maiers Intention. Doch schnell wurde ihr bewusst, dass sie nicht nur bewahren, sondern vielmehr auch selbst gestalten wollte. Mit der Buchbinderei fand sie eine Profession, die schnell zu ihrer Passion wurde.
Zunächst von zu Hause aus tätig, eröffnete die Buchbindermeisterin 2006 ihr eigenes Geschäft, auch, „um den Menschen dieses Handwerk wieder ins Bewusstsein zu rufen". Für vornehmlich private Kunden bindet sie nun Altes wie Neues – vom Zeitschriften-Jahresband über Fotoalben bis hin zu antiken Büchern – mit Leim oder Nadel und Faden. Der Bucheinband besteht aus vier Teilen, die sie zusammenfügt und mit feinstem Papier, hochwertigem Leinen oder edlem Ziegenleder überzieht sowie mit farbigen Lettern oder goldenen Prägungen kunstvoll verziert. Zum Schluss wird der Einband mit dem Buchblock vereint. Kreativ umhüllt sie das Hochzeitsbuch mit dem Schleier der Braut, das Fotoalbum mit dem Krabbeltuch des Kleinen. In bester Weise schöpferisch wird Bettina Maier im Sommer, wenn sie in Kursen ihr eigenes Papier schöpft. Dazu werden im Wasser schwimmende Zellfasern – zu denen sich auch solche von Zwiebeln, Lauch oder Spargel gesellen können – mit dem Sieb geschöpft und auf Filz gestülpt, was als Abgautschen bezeichnet wird. Nach der Pressung und Trocknung entstehen so faszinierend ausdrucksstarke Papiere – quasi aus dem Nichts. Oftmals sind es sensible Dinge, die man Bettina Maier anvertraut. Entsprechend behutsam geht sie vor und lässt das mit Notizen versehene Kochbuch der Oma zum wertvollen Erinnerungsstück werden, die Briefe der großen Liebe zum Symbol ewiger Treue. Mit jeder Arbeit bewahrt sie dabei nicht nur Wertvolles, sondern auch Fragmente eines Lebens – zwar nicht für immer, aber doch für einige Zeit.

TS SL 743H

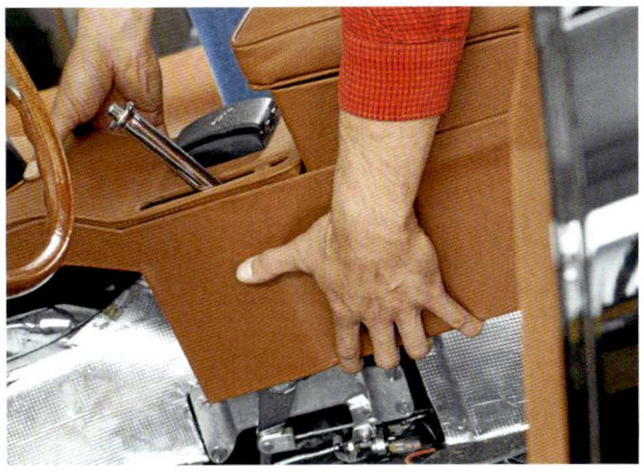

Mit Passion Legenden bewahren

Legendäre Oldtimer und ihre formschönen Designs faszinierten Jürgen Koraus seit jeher. Mit der Eröffnung seiner Werkstatt 2007 erfüllte er sich einen lang gehegten Traum und bewahrt darüber hinaus Kulturgüter der Automobilgeschichte. Als Sohn eines Autohändlers sowie als in der Autobranche beschäftigter Karosseriebaumeister und Betriebswirt des Handwerks hatte Jürgen Koraus stets mit Fahrzeugen zu tun. Parallel zur fortschreitenden Technologisierung begeisterte ihn mehr und mehr die nachvollziehbare Technik von einst. Gemeinsam mit Ehefrau Simone verhilft er nun legendären Karosserien zu neuem Glanz – mit größter Sorgfalt, bestem Know-how und viel Handarbeit. Dabei legen die beiden größten Wert auf eine originalgetreue Restaurierung, für die sie oft in Vergessenheit geratene handwerkliche Techniken einsetzen. Die so runderneuerten Oldtimer verblüffen in ihrer vermeintlich fabrikneuen Optik, wie der aus 1956 stammende prachtvolle Mercedes 220 S Ponton Coupé, der mit edlem Palisanderholz und dem roten Originalleder ausgestattet ist. Um die Sattlerei kümmert sich Simone Koraus. Das Wissen dazu eignete sich die ehemalige Lithografin selbst an. Aus den Resten der alten Bezüge vollzieht sie die einstigen Schnittmuster nach, um damit die neuen Lederpolster authentisch von Hand zu nähen. Jürgen Koraus nimmt sich in monatelanger Kleinarbeit alle weiteren Details vor, die er schweißt, lackiert, verchromt oder vernickelt. Nicht verfügbare Ersatzteile fertigt er auch selbst. Einige seiner beeindruckenden Oldtimer stehen vor dem Haus zur Miete oder zum Kauf parat. Im Schaufenster finden sich zudem passende antike Reiseaccessoires. Wer so unterwegs ist, sollte stets daran denken: Oldtimer zu fahren, heißt, sich mit Gemach fortzubewegen, die Schnelllebigkeit hinter sich zu lassen – dafür aber in seine Mitte zu gelangen.

C.C.K.
Carosseria Classica Koraus
Jürgen Koraus

Ludwig-Thoma-Straße 2
83358 Seebruck

Telefon 0 86 67 / 87 63 66
Telefax 0 86 67 / 87 63 68
www.carosseria-classica.de

Elegant gekleidet

Die Tracht besitzt in Oberbayern einen ganz besonderen Stellenwert und ist deutlich mehr als nur ein schmuckes Kleidungsstück. Mit ihr drücken Männer wie Frauen ihre Herkunft, ihre Zugehörigkeit sowie ihren Stand aus; dabei besitzt jede Region ihre Besonderheiten – sei es der Sitz des Wadenstrumpfes, die Hutform oder das Material der Knöpfe. Früher konnte man an der Kleidung leicht erkennen, mit wem man es zu tun hatte. So war das Tragen von Hüten, federkielbestückten Gürteln oder Ähnlichem nur den Großgrundbauern und angesehenen Bürgern sowie der Herrschaft erlaubt. Auch durfte nur die Herrin des Hauses die Insignien der hausfraulichen Gewalt tragen – das heißt den „Besteckgürtel", an dem die Schlüssel für Speisekammer und die Tür, der Feuerschläger und das Messer hingen. Je üppiger die Trachtgewänder und Hüte dabei verziert waren, umso höher der Status und Wohlstand. Aber auch für die heiratswilligen Burschen und Madln gab es eindeutige Erkennungszeichen, die noch immer eingehalten werden: So binden ledige Madln ihre Schürzenschleife links, verheiratete Frauen rechts; junge Mädchen haben ihre Schleife vorne, die verwitweten Damen ihre hinten. Eine beinahe in Vergessenheit geratene Kunstfertigkeit stellt das Stoff-Plissieren dar. Es handelt sich hierbei um eine uralte Machart, die schon den alten Ägyptern bekannt war. Sie oblag ausschließlich den Reichen, denn um mit plissierten Stoffen ein Gewand zu fertigen, brauchte es reichlich Material, das aufwendig mit Hitze und Dampf sowie viel Fingerfertigkeit von Hand gefältelt werden musste. Ab Mitte des 19. Jahrhunderts wurden Plissee-Stoffe auch für die Trachten genutzt – und sind auch heute wieder vermehrt zu bewundern.
Wer fesch gekleidet sein will, muss

auch gut behütet sein. Noch heute tragen die Chiemgauer zu allen festlichen Anlässen die entsprechende Kopfbedeckung. Ein besonders reizvolles Exemplar ist dabei der Priener Hut, der nach wie vor von Hand gefertigt wird. Die Priener Hutmacherin Anna Brunhuber entwickelte ihn 1820 aus dem einst sehr beliebten Inntaler Hut. Dazu verwendete sie schwarzen Filz, der aus Hasenhaar hergestellt wird. Prägnant bei dem formvollendeten Hut sind vor allem die kostbare, handgestickte goldene Borde sowie die goldenen Quasten, die dem Hut seinen eleganten Charakter verleihen. Ein „Hint-obi-Bandl" aus schwarzem Samt sichert seinen perfekten Sitz. Um korrekt gewandet zu sein, bedarf es nun nur noch dem stilsicheren Trachtenschmuck. Die Auswahl ist dabei vielschichtig wie bezaubernd: filigrane Gold- und Silberarbeiten – von der Kropfkette über Haarnadeln bis hin zu Broschen, Anhängern und Ohrringen. Farblich abgestimmt auf das Trachtengewand und sein Seidenzeug wie Schürzen, Schulter- oder Einstecktücher vervollkommnen sie jede Trägerin. Eine Besonderheit stellt dabei das sogenannte Charivari dar, das Männer wie Frauen ziert. Es handelt sich hier um eine silberne Kette, die an der Lederhose oder auf der Dirndlschürze getragen wird. An ihr werden verschiedenste Anhänger angebracht – von Münzen und Edelsteinen über ganze Mardergebisse, Spitzen von Luchsohren oder Maulwurfspfoten, einzelnen Greifvogelkrallen bis hin zu einem kleinen Gamskrickerl, allesamt prächtig in Silber gefasst. Dabei fungiert das Charivari als Talisman für eine erfolgreiche Jagd wie auch als wertvolles Statussymbol, das gern in der Familie weitervererbt wird. Typischste aller bayerischen Bekleidungsformen ist die hirschlederne

Hose mit ihrem einzigartigen Schnitt: Die Bundlederhose reicht bis zur Wade und wird dort gebunden. Am äußeren Saum ist sie oft bestickt. Die aufwendigen Stickereien sind dabei charakteristisch für die jeweilige Region. Die kurze Lederhose endet oberhalb vom Knie und kommt von den Gebirgsjägern und Sennern. Eher selten sieht man den ältesten Schnitt, die Lange Lederne, die von den Holzknechten, Flößern und Bergbauern stammt. Die Lederhose ist äußerst robust und haltbar und somit eine Investition fürs Leben; häufig wird sie von Generation zu Generation vererbt. Früher als reine Arbeitskleidung genutzt, die vor Hitze, Kälte, Nässe und Ungeziefer schützt, gilt sie heute als festliches Kleidungsstück, das zu allen feierlichen Anlässen stolz getragen wird. Als Schutz gegen die Kälte dienen dabei Socken, die als Waden- oder Kniestrümpfe getragen werden. Häufig sind sie auch zweiteilig und bestehen aus Füßling und dem Loiferl, einem separaten Wadenstrumpf. Dies hatte einst den Vorteil, dass bei Löchern nur einzelne Teile neu gestrickt werden mussten. Ganzer Stolz der männlichen Tracht sind zudem die prächtig bestickten Ledergürtel, die auch als Ranzen oder Geldkatz bezeichnet werden. Sie dienten früher dem Aufbewahren von Dokumenten und Geld, denn in ihrem Innenleben befindet sich eine schlauchähnliche Tasche. Hier konnten Wertgegenstände sicher verstaut werden. Zuvor trug man sie im schlichten Beutel an der Hose, was es den „Beutelschneidern" leicht machte, sich diesem anzunehmen. Der Ranzen erwies sich darüber hinaus in vielerlei Hinsicht als äußerst praktisch: So bot er Stabilität bei schweren Hebearbeiten sowie Schutz vor Stichverletzungen bei den berüchtigten Raufereien. Erst gegen 1750 wurde er langsam zum prächtig

verzierten Schmuckstück. Da der Pfau allgemein als Glücksbringer galt, wurde er gern als Motiv eingesetzt. Irgendwann kam man auf die Idee, seine Federkiele quasi als Faden zu versticken. Die Kunstfertigkeit stammt vermutlich aus Südtirol und dem österreichischen Voralpenland. Mit der Innschifffahrt gelangte sie nach Bayern. Auch zogen Sticker von Ort zu Ort und verzierten gegen Kost und Logis die Gürtel reicher Bauern. Dabei war es ganz in ihrem Sinn, aufwendige Muster zu kreieren, denn je länger sie dafür brauchten, umso länger waren sie gut untergebracht. Heute weist die Pracht der gestickten Muster weniger auf den Stand des Trägers hin als vielmehr auf sein ausgeprägtes Traditionsbewusstsein – denn nach wie vor werden die Kielstickereien aufs Höchste geschätzt.

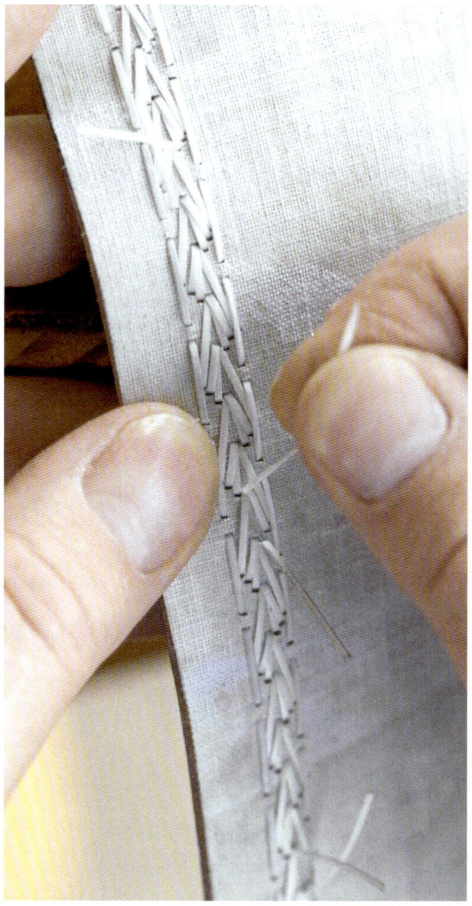

gültig ab Juli 2010
HÖFER
Wollstoffe

Wo echte Tugenden zum Tragen kommen

Die Breitbrunner Weberei Höfer steht für Bodenständigkeit und Tradition, für Beständigkeit und höchste Qualität. Ihre edlen Wollstoffe entstehen in bester handwerklicher Kunst und bestechen in ihren zeitlos klassischen Mustern und Farben, die die Individualität jedes Trägers gekonnt unterstreichen.
Einst gehörte das Nähen und Weben zur täglichen Arbeit der Bäuerinnen und war Teil der landwirtschaftlichen Ausbildung. Die Lehr-Webmeisterin Ina Höfer fertigte gemeinsam mit ihrem Mann Arnold, einem Maschinenbau-Ingenieur, die Stoffe für den Unterricht am Handwebstuhl zu Hause. Was zunächst dem Eigenbedarf galt, entwickelte sich ab 1951 zum kleinen Handwerksbetrieb, den seit 1975 Sohn Gerhard, Tuchmacher und Textilingenieur, mit seiner Frau Johanna, einer Textilgestalterin, fortführt. Aus Liebe zur Tradition spezialisierten sich die beiden auf das Weben von hochwertigen Wollbrokaten, die sich besonders gut für Trachten eignen.

Verwoben wird – mitlerweile auf modernen Webmaschinen – das äußerst feine, aber robuste Wollhaar des neuseeländischen Merinoschafs. Jährlich entwickeln die Höfers zwei neue Kollektionen mit rund 50 verschiedenen klassischen Motiven, deren Blüten, Blumen und Blätter Johanna Höfer stets aufs Neue interpretiert. Da viele Stoffe über Jahre im Sortiment verbleiben, sind sie lange Zeit lieferbar. Das Angebot des Hauses umfasst so eine Fülle an Mustern, erhältlich in vielen Variationen. Dazu passend reihen sich zugekaufte, teils modisch akzentuierte Stoffe aus Baumwolle, Halbseide und Leinen. Zu erstehen sind die erlesenen Materialien unter fachkundiger Beratung über den Versand sowie im Priener Lagerverkauf, der neben einer vielfältigen Stoffauswahl auch mit stimmigem Zubehör aufwartet.

Höfer – Stoffkollektion und Weberei
Stoffgroßhandel und Lagerverkauf
Gerhard Höfer

Goethestraße 15
83209 Prien am Chiemsee

Telefon 0 80 51 / 96 74 22
Telefax 0 80 51 / 96 74 20
www.hoefer-stoffe.de

Stilvolle Kleidung für besondere Momente

Gerdi Westermeyr GmbH
Gerdi Westermeyr

Alte Rathausstraße 15
83209 Prien am Chiemsee

Telefon 08051/2405
Telefax 08051/62979
www.westermeyr.de

Wer exklusive Mode schätzt, die mit Stil die Trägerin bestens kleidet, findet mit Gerdi Westermeyr eine mehrfach prämierte Meisterin ihres Fachs.
Die Liste ihrer Ehrungen ist lang – die Damenschneidermeisterin blickt auf ein äußerst erfolgreiches Berufsleben zurück. So war sie jahrelang Präsidentin des Deutschen Mode-Instituts, erhielt unter anderem das Bundesverdienstkreuz, den Bayerischen Verdienstorden sowie den Staatspreis für gestaltendes Handwerk. Die im Couture-Atelier gefertigten Unikate bestechen durch raffinierte Schnitte und perfekte Passform. Gerdi Westermeyr möchte mit ihren handwerklich geschneiderten Modellen die Persönlichkeit ihrer Kundinnen individuell unterstreichen, sie für jeden Anlass adäquat kleiden. Verarbeitet werden nur ausgesucht hochwertige Stoffe, die sie gemeinsam mit ihrer Tochter europaweit auswählt. Vor allem zu erwähnen sind ihre bezaubernden Brautroben, für die sie edle Seiden und Spitzen zu einem Traum in Weiß verwandelt. Mit großer Liebe entstehen Dirndl, zeitgemäß und individuell umgesetzt; wobei aber stets traditionelle und zum Teil auch historische Vorlagen berücksichtigt werden – egal ob schlichtes Baumwoll- oder elegantes Festdirndl. Die eigene Kreativität sowie die feinfühlige Umsetzung der Trends internationaler Modebühnen fließen in die Entwürfe der Damenschneidermeisterin ein. Konsequentes Streben nach Perfektion hat dem Atelier einen guten Ruf weit über Bayern hinaus verschafft. Geprägt wurde Gerdi Westermeyr durch ihre Lehrzeit in einem renommierten Münchner Modesalon und die Fachakademie, wo sie früh mit höchster Schneiderkunst vertraut gemacht wurde. Tochter Sabine, Betriebswirtin des Handwerks, wird den Handwerksbetrieb und das Fachgeschäft für Damen- und Herrenmode in die Zukunft führen.

PFAFF

Falte um Falte mit Liebe plissiert

Die Liebe zum Handwerk sowie ein Zufall, der sich als Glücksfall erwies, ließ die ausgebildete Harfenistin Andrea Schatz zur Plissiererin werden. Als sie Stoff für einen Trachtenrock fälteln lassen wollte, stieß sie auf die Münchner Plissee-Werkstatt, die seit Jahren vergeblich einen Nachfolger suchte. Die Vorstellung, dass dieses Kulturgut samt 150 Formen und 50 verschiedenen Mustern – darunter echte Raritäten – verloren geht, brachte sie dazu, die alte Handwerkskunst zu erlernen und weiterzuführen. Zunächst muss der richtige Stoff gewählt sein, damit die Falten dauerhaft halten. Zum aufwendigen „Fälteln" benötigt man – je nach Muster – zwei bis sechs Personen, die den Stoff akkurat in die Pappformen einspannen. Danach wird er – einer Ziehharmonika gleich – Falte um Falte zusammengelegt und schließlich bei 160 °C in einem speziellen Bedämpfungsofen 16 bis 21 Minuten erhitzt. Das ganze Prozedere dauert insgesamt rund eineinhalb Stunden. Mit ihren Trachtenmodellen will Andrea Schatz aufzeigen, dass Plissee auch modern interpretiert werden kann, entgegen der landläufigen Meinung nicht aufträgt oder besonders empfindlich ist. Ihre eigens kreierten Röcke, Schürzen, Blusen und Schals bestechen in ihrer Anmut, Eleganz und Formvollendung; sie faszinieren in ihrem glanzvollen Strahlen und der Formen- und Mustervielfalt. Ihre auf Handwerksmärkten und -veranstaltungen ausgestellte, innovative Trachtenmode dient dabei nur als Anregung, denn ihre bezaubernden Dirndl näht sie nur für den Eigenbedarf. Und so begeistert die „Familienmusik Schatz" bei ihren Konzerten nicht nur mit der musikalischen Darbietung, sondern auch mit ihren geschmackvollen wie ausgefallenen Trachtenensembles.

Plissee is schee
Andrea Schatz

Allmannsau 5
83562 Rechtmehring

Telefon 0 80 72 / 23 14

Modisches Farbenspiel traditionell verknüpft

Trachtendesign Angelika Böhm
Karin Böhm

Porschestraße 1
84478 Waldkraiburg

Telefon 0 86 38 / 8 54 24
Telefax 0 86 38 / 8 54 21
www.angelikaboehm.de

■ Karin Böhm versteht es in bester Weise, mit ihrer hochwertigen Trachtenmode nicht nur das traditionelle Handwerk und dessen erhaltenswerte Schätze – die althergebrachten Fertigkeiten und Kenntnisse – zu bewahren, sondern es darüber hinaus in kreativer wie innovativer Machart weiterzuentwickeln. So zieren ihre Mieder, Spenzer oder Dirndln stets auch ausschließlich von Hand zu fertigende kleine Kostbarkeiten wie die liebenswerten Froschmäulchen, von deren unzähligen überlieferten Mustern Karin Böhm einige im Repertoire hat. Dazu verschönern adrette, aus Vierecken genähte Zackenbordüren den perfekt sitzenden Ausschnitt und verhelfen handgestiftelte, das heißt in feinste Falten gelegte Schürzen oder Röcke den Gewändern zu elegantem Fall. Gleichsam liebevoll werden viele der hochwertigen Details wie Knöpfe, Schließen oder Herzrüscherl von Hand angebracht. Jährlich entstehen so im Waldkraiburger Atelier zwei, im Schnitt 60 Teile umfassende Kollektionen, die als Gesamtbild kreiert und so allesamt ideal kombinierbar sind. Erhältlich sind ihre wundervollen Modelle in ausgesuchten Geschäften wie der Rosenheimer Boutique Beo. Nach Ansicht der gelernten Damenschneiderin Karin Böhm, die das von der Mutter Angelika Böhm 1969 gegründete Unternehmen 1981 übernahm, gelingt es vor allem der Trachtenmode, die Weiblichkeit der Trägerin fantasievoll sowie in Perfektion in Szene zu setzen. Zudem fasziniert sie die schier unendliche Vielfalt der Farben und Formen, auf deren Klaviatur die ausdrucksstarke Designerin gekonnt kreativ spielt; gern verbindet sie modisch akzentuierte Stoffe mit klassischen Schnitten und Mustern – und erhält so ihre bezaubernde, stets traditionell orientierte Trachtenkollektion lebendig, ohne je in Beliebigkeit zu verfallen.

Angelika Böhm
HANDWERK

Feinstes Leder puristisch designt

Obwohl es ihm früh vertraut war, die Mutter war Schneiderin, kam Tony Hahn eher durch Zufall zum Nähen. Vor rund 20 Jahren entdeckte er in Portugal bei einem alten Schuster eine einfache Ledernähmaschine mit Fußantrieb; damit war der Grundstein gelegt. Er erstand sie und fertigte fortan Beutel, Mützen und Rucksäcke, die er am Strand sowie auf Märkten veräußerte.
Mittlerweile näht der gelernte Elektriker im heimischen Palling an modernen Maschinen sportlich-elegante Lederbekleidung wie Jacken und Hosen von Hand. Sie bestechen mit ihren edlen Materialien, dem taillierten Schnitt sowie in ihrer exakten Verarbeitung. Im Design hält sie Tony Hahn eher reduziert und bietet eine klassische Linie sowie Modelle im Biker-Stil an. Zum Einsatz kommen dabei Hirschleder von Damhirschen aus der Region, deren Häute er konserviert und nach seinen Vorstellungen gerben lässt. Das äußerst weiche und strapazierfähige Nappaleder stammt von den nordamerikanischen Weißwedel-Hirschen, die eine besonders schöne Hautstruktur besitzen. Für seine exklusiven Jacken benötigt Tony Hahn die Häute von fünf Tieren. Die besondere Kunst besteht nun darin, diese so symmetrisch anzuordnen, dass sie ein einheitliches, harmonisches Ganzes bilden. Da jede Haut anders ist, muss er - einem Puzzle gleich - die Vorgehensweise stets aufs Neue überdenken und angleichen. Rund 15 bis 25 Stunden benötigt er, bis alle Details wie die hochwertigen Hirschhorn- oder Holzknöpfe angebracht sind. Das feine Innenfutter mit seiner farbig abgesetzten Paspel avancierte mittlerweile zu seinem Markenzeichen. Aus Natürlichem etwas Schönes zu kreieren, stellt für Tony Hahn einen besonderen Anreiz dar. So beschäftigt er sich auch privat gern mit Tieren - etwa seinen Edelziegen, die auch sein Logo zieren.

Atelier für Lederbekleidung
Tony Hahn

Polsing 19
83349 Palling

Telefon 0 86 29 / 17 35
www.lederatelier-tonyhahn.de

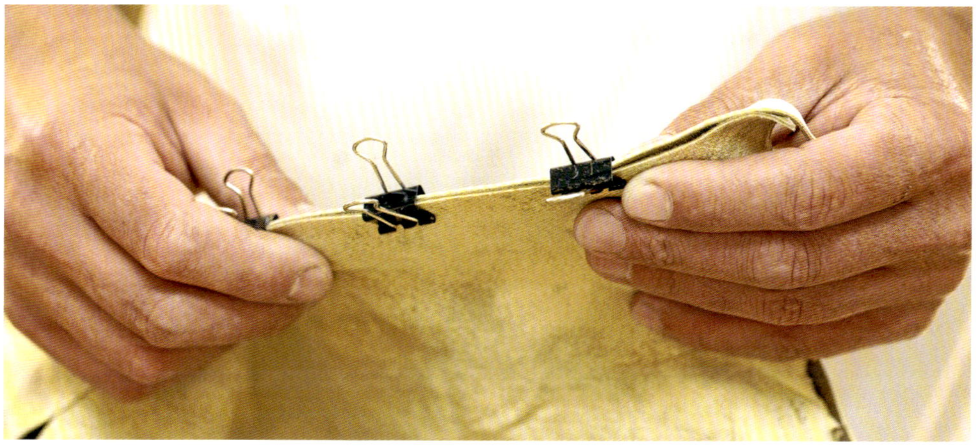

Genussvoll leben

Bayern ist untrennbar mit seiner weltberühmten Brau-Kultur verbunden und bekannt für beste Qualitäten. Dabei spielten die hier ansässigen Klöster eine große Rolle; so weisen noch viele Biernamen wie Augustiner, Franziskaner oder Paulaner auf die einstigen Ordensgemeinschaften hin. Die Klosterbrauereien lassen sich auf das siebte Jahrhundert zurückdatieren. Das Kloster Weihenstephan gilt als eines der ältesten noch existierenden der Welt – erstmals erwähnt um 1040. Bier galt zu dieser Zeit als Alltagsgetränk, das auch für Kinder bestens geeignet erschien. Denn aufgrund der Erhitzung beim Gärprozess war es keimfrei, was vom Wasser nicht unbedingt behauptet werden konnte. Obwohl es einen geringeren Alkoholgehalt als heute besaß, war es überaus nahrhaft und somit in Zeiten mangelnder Ernährung ein wichtiges Ergänzungsmittel. Zudem war der Rohstoff Getreide leicht zugänglich. Ursprünglich wollten die Mönche mit dem Bier ein wohlschmeckendes Getränk gewinnen, das die kargen Fastenzeiten besser überbrücken ließ. Zu trinken war während dieser Zeit erlaubt, und so durfte Bier als „flüssiges Brot" verzehrt werden. Im Spätmittelalter begannen die Obrigkeiten, das Brauen und den Konsum mit Steuern zu belegen sowie erste strenge Richtlinien und Privilegien damit zu verbinden. 1516 erließ Herzog Wilhelm IV. das erste bayerische Reinheitsgebot, auf dessen Grundsätze sich das heutige deutsche Reinheitsgebot noch immer bezieht. Es gilt als das älteste, noch heute gültige Lebensmittelgesetz der Welt! Davor war es üblich, dem Bier alle möglichen Kräuter zuzuführen; auch solche, die giftig waren und Halluzinationen auslösen konnten. Gerne zugesetzt wurden Ochsengalle, Wacholder, Gagel, Schlehe, Eichenrinde, Wermut,

Kümmel, Anis, Lorbeer, Schafgarbe, Stechapfel, Enzian, Rosmarin, Rainfarn, Johanniskraut, Fichtenspäne, Kiefernwurzeln, vor allem aber auch Bilsenkraut. Um dem zu begegnen und auch, um der leichten Verderblichkeit vorzubeugen, wurde das Brauen von Weißbier Mitte des 16. Jahrhunderts verboten. Zudem war der Weizen knapp und sollte dem Brotbacken vorbehalten sein und weniger der Herstellung von Bier dienen. Mit Maximilian I. fand sich allerdings ein findiger Monarch, der das Verbot 1602 nicht nur wieder aufhob, sondern darüber hinaus die Wirte geradezu verpflichtete, Weizenbier auszuschenken. Bei Zuwiderhandlung drohte der Verlust der Schankgenehmigung – was kein Wirt riskieren wollte. Der gewiefte Monarch sicherte sich so seine Steuereinnahmen und sanierte damit seine Finanzen.

Nach dem neuen Reinheitsgebot war das Brauen nun lediglich mit Wasser, Hopfen, Gerstenmalz und Hefe erlaubt. Lediglich bei den obergärigen Bieren durften andere Malze wie das vom Weizen verwendet werden. Die untergärigen Biere wie Export, Pils, Helles usw. können nur bei Temperaturen von unter 10 °C gebraut werden; was damals nur in tiefen Kellern oder Felsenhöhlen möglich war, die dazu noch mit Unmengen von Eis gekühlt werden mussten. Weshalb diese Biere – bis zur Erfindung der Kältemaschine um 1876 – nur über die Wintermonate gebraut werden konnten. Dies taten übrigens zu dieser Zeit nur die Bayern und Württemberger. Das letzte Bier einer Saison kam dann im März als Märzen auf den Markt. Vermutlich hat sich aus diesem Grund vor allem im Süden Deutschlands das Brauen der obergärigen Weißbiere durchgesetzt, denn dieses konnte bei Temperaturen zwischen 15 °C bis 22 °C und somit ganzjährig gebraut werden – was den hiesigen Bierliebhabern sehr gelegen kam. Der vermeintliche Nachteil ihrer kürzeren Haltbarkeit hat hierzulande keinerlei Bedeutung, denn alt werden diese Biere eigentlich nie. Ihr Name leitet sich übrigens davon ab, dass sich beim Gärprozess die weiß-schaumige Hefe nach oben absetzt. Was letztlich zu einem Kuriosum führt, denn in Oberbayern werden Weißbiere auch mit geröstetem Weizen gebraut und damit in dunkler Farbe angeboten – was bei manchem Gast doch etwas Verwunderung hervorruft, wenn er von einem dunklen Weißbier hört.

Wo Mensch und Tier natürlich vereint sind

Anderlhof
Kaspar und Christine Gasteiger

Tinning 5
83083 Riedering

Telefon 0 80 36 / 5 75
Telefax 0 80 36 / 38 14
www.anderlhof-tinning.de

Damit sie ihren Hof nach ihren Idealen bewirtschaften können, trat die Familie Gasteiger 1997 mit ihrem Anderlhof dem Demeter-Verband bei. Um möglichst im Einklang mit ihren Tieren zu arbeiten, gaben sie die bisherige Milchwirtschaft auf und stellten auf Mutterkuhhaltung um. Die Rinder werden heute auf großflächigen Weiden oberhalb von Riedering gehalten, wo sie sich frei zwischen offenem Stall und Weide bewegen können – was sie offensichtlich sehr genießen.
Die Herde lebt im sozialen Verband, das heißt die ersten zehn Monate ihres Lebens verbringen die Kälber an der Seite ihrer Mütter. Ein Stier begleitet die Gruppe ganzjährig. Gleich zu Beginn kreuzte Kaspar Gasteiger das bayerische Fleckvieh mit der für seine gute Fleischqualität bekannten französischen Charolais-Rasse. Gefüttert wird das Vieh mit Heu und Silage der eigenen, nicht künstlich gedüngten Wiesen. Um die Tiere mit allen nötigen Mineralstoffen zu versorgen, stehen ihnen zudem naturbelassene Salzbrocken zur Verfügung. Nach einer stressfreien Schlachtung hängt das Rind im Kühlhaus bis zur optimalen Reifung. Erst danach kommt das herrlich marmorierte Fleisch portioniert in den bäuerlichen Hofladen von Christine Gasteiger. Für Fleischliebhaber empfiehlt es sich, spezielle Wünsche rechtzeitig vorzubestellen, denn das schmackhafte Fleisch ist sehr begehrt. Neben saftigem Rindfleisch werden hier auch zarte Stücke vom Schwein, Pute, Hähnchen und Lamm angeboten, das von befreundeten Bio-Betrieben stammt.
Nach Kaspar Gasteigers Überzeugung gilt: Der Mensch ist, was er isst. Daraus folgernd kann sich der Genießer – mit Blick auf die behaglich weidenden Kühe am Anderlhof – in ebensolcher Weise geruhsam zurücklehnen.

Gaumenfreuden höchster Qualität

Wem der Sinn nach besten Wurstspezialitäten steht, findet mit der Metzgerei Angermann einen Betrieb, der höchste Ansprüche an Qualität und Geschmack erfüllt.
Gegründet wurde die Metzgerei 1973 von Elisabeth und Richard Angermann. Seit 2000 führt sie Sohn Richard. Viele nationale und internationale Auszeichnungen belegen die hervorragende Qualität. Die heimischen Rinder und Ochsen, die zum Teil im Sommer auf den Almen weiden, sowie die Milchkälber und Berglämmer stammen von Höfen, die den Angermanns bestens vertraut sind. Das Schweinefleisch kommt aus Niederbayern. Geschlachtet wird schonend und stressfrei im eigenen Haus. Insgesamt umfasst das hausgemachte Sortiment weit über 100 Wurst-, Schinken- und Salamisorten. Nur internationale Spezialitäten werden dazugekauft. Richard Angermanns ganze Leidenschaft zeigt sich in seinen edlen Salami-Kreationen, die allesamt einen hohen Rindfleischanteil besitzen und so außerordentlich mager sind. Die Delikatessen lässt der Metzgermeister auf natürliche Art circa vier Wochen reifen – was sehr diffizil ist, denn die Luftfeuchtigkeit sowie die Raumtemperatur müssen exakt eingehalten werden. Rund 15 Sorten sind im Angebot – gewürzt mit Jalapeño, Chili, Koriander oder Fenchel, je nach Art. Besonders fein sind seine Kampenwand-Salami, die er mit knackigen Walnüssen verfeinert, sowie die Hirschsalami mit Rum. Auch die Fleisch- und Feinkosttheke wartet stets mit Köstlichem auf. Die Liste ließe sich beliebig fortsetzen – am besten probiert der Genießer die zahllosen Schmankerl vor Ort. Ein kulinarisches Highlight sind freitags die erstgebrühten Weißwürste, die auch im ansprechenden Selbstbedienungsrestaurant, das in gleicher Weise rundum empfehlenswert ist, verkostet werden können.

Metzgerei Angermann GmbH
Richard Angermann

Schulstraße 2
83229 Aschau im Chiemgau

Telefon 08052/2455
Telefax 08052/5357
www.metzgerei-angermann.de

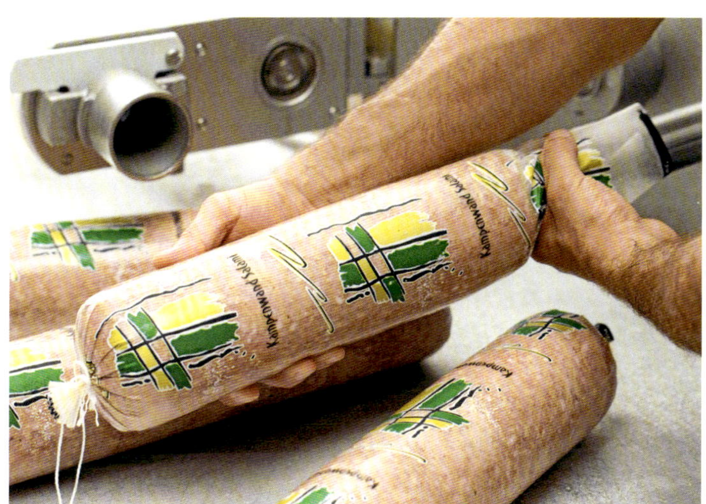

Es klappert die Mühle am rauschenden Bach ...

Naturkostmühle & Mühlenladen
Annelie Wagenstaller

Obermühl 49
83083 Riedering

Telefon 08036/7720
Telefax 08036/1741
www.wagenstallermuehle.de

Für Annelie Wagenstaller – älteste Tochter im „Drei-Mädel-Haus" – war es früh klar, dass sie die Tradition der Familie fortsetzen wollte. Nach der Lehre im eigenen Haus wurde sie mit 21 Jahren Deutschlands jüngste Müllermeisterin. Seit 2009 bildet sie nun Sohn Markus zum Müllergesellen aus – und sichert damit dem rar gewordenen Handwerk ein Stück weit das Überleben. Ihr Engagement gilt dabei nicht nur dem Erhalt einer traditionsreichen Zunft, sondern auch der Verbreitung einer gesunden und bewussten Lebensweise. Und so findet der Besucher in ihrem kleinen bezaubernden Mühlenladen neben einer Auswahl bester Mehle auch alles rund ums Backen sowie ausgesuchte Naturkost und -kosmetik. Einen großen Stellenwert nehmen dabei die Produkte ein, die die Philosophie der Hildegard von Bingen umsetzen; denn Annelie Wagenstaller ist ebenso wie ihre Mutter Anneliese eine fundierte Kennerin ihrer Lehren. Da Dinkel dabei eine große Rolle spielt, verarbeitet die Müllermeisterin diesen Urdinkel in die verschiedensten Körnungen – vom feinsten Mehl über griffigen Dunst bis hin zum groben Habermus. Auch Roggen und Weizen finden ihren Weg in die Vermahlung. Bei einem Besuch in der idyllisch gelegenen Naturkostmühle sollte es der Besucher zudem nicht versäumen, die von Ehemann Franz Bauer nach alten Motiven mit authentischen Materialien nachgebaute Wassermühle zu bestaunen. Gerne erklärt Annelie Wagenstaller die Technik der historischen Mühle, die wie einst von einem stattlichen Wasserrad angetrieben wird. Auch der ehrwürdigen Tradition des heimischen Brotbackens – einem beinahe in Vergessenheit geratenen Kulturgut – hat sich die Müllerin ganz verschrieben. So publiziert sie nicht nur Bücher zum Thema, sondern vermittelt ihr Wissen auch in Kursen, mit denen sie wieder zum häuslichen Brotbacken motivieren will. Dabei können die Teilnehmer gleich am eigenen Leib erspüren, wie viel Freude der Duft von frisch gebackenem Brot bereitet – und natürlich auch, wie köstlich es schmeckt.

Rimsting
der DEINHART
Bäckerei · Konditorei
500 Gramm

Wo liebevoll gebacken wird

Wer den Duft von frisch gebackenem Brot liebt und dabei Wert auf ehrliche Handarbeit legt, ist in der Bäckerei Deinhart am richtigen Platz. Denn Michael Deinhart verwendet für seine köstlichen Schnitten und knusprigen Backwaren nur beste Zutaten. Bekannt ist das Haus für seine saftigen Brote, die ausschließlich aus Mehl, Wasser und Hefe hergestellt werden. Seinem beliebten Gewürzlaib fügt der Bäckermeister noch Kümmel, Koriander und Fenchel zu. Das leicht dunkle Brot schmeckt so hervorragend zu gekochtem Schinken, aber auch sensationell zu Marmelade und Honig. Dazu verlocken täglich wechselnde, appetitliche Schnitten zum süßen Genuss, dem man sich gelassen hingeben kann, denn die köstlichen Naschereien sind leicht und bekömmlich. Im Angebot stehen neben Klassikern wie der Prinzregenten- oder Sacherschnitte zahlreiche köstliche Eigenkreationen wie die fruchtig frische Rote-Grütze-Schnitte, für die wechselnde Schichten von hellem und dunklem Biskuit mit einer fein aromatischen Grütze-Creme gefüllt sind. Gegründet wurde der Betrieb 1949 vom Großvater. Seit 2000 führt Michael Deinhart die Bäckerei nun in der dritten Generation und baute sie mit der Übernahme vom Vater weiter um und aus. Heute gehören zum Stammhaus vier Filialen – 2006 kam das gemütliche Café in Rimsting mit Terrasse und Bergblick hinzu. Hier verwöhnt Petra Deinhart ihre Gäste auch mit kleinen Snacks und feinen Eierspeisen.
Bereits als kleiner Junge zog es Michael Deinhart immer wieder hinunter in die warme Backstube; dass er das Handwerk erlernen wollte, war schnell klar. Heute treibt es Sohn Marinus in aller Herrgottsfrüh zum Ort des Geschehens – um sich hier, ganz wie einst der Papa, schon jetzt im Schlingen der Brez'n zu üben.

Bäckerei Deinhart
Michael Deinhart

Bahnhofstraße 15
83253 Rimsting

Telefon 08051/5598
Telefax 08051/63409
www.der-deinhart.de

Beste Braukunst stimmig präsentiert

Camba Bavaria GmbH
1. Privatbrauerei Truchtlaching
Markus Lohner

Mühlweg 2
83376 Truchtlaching

Telefon 08667/809466
Telefax 08667/809467
www.cambabavaria.de

Viele Köche verderben den Brei – vielen Braumeistern hingegen gelingen wahre Köstlichkeiten. So zumindest bei Camba Bavaria, wo sich großes Know-how mit modernster Technik zu einer Schaubrauerei vereint, die der traditionellen Braukunst eine innovative Note verleiht. In dem vollautomatischen, vier Braukessel umfassenden Sudhaus braut das Team aus Braumeister und Biersommeliers um Markus Lohner jährlich rund 1 500 Hektoliter köstliches Bier. Es wird weder filtriert noch erhitzt, was ihm einen besonders runden und vollen Geschmack verleiht. Neben gängigen Sorten kreiert es auch „exotische" Spezialbiere, deren fruchtige Aromen ausschließlich von besonderen Hopfen- und Hefesorten stammen. So das „Indian Pale Ale" mit seiner leicht fruchtigen Litschi-Note, das Porter-Bier, das Töne von Bitterschokolade und Kaffeeröstaromen bereithält, sowie das „Brown Ale", das mit einem feinen Kirschgeschmack aufwartet. Ein weiteres Schmankerl ist das „Bourbon Barrel": Hier lagert unter anderem Doppelbock acht Monate im einmalig verwendeten Whiskey-Eichenfass. Einen Großteil ihres Know-hows sammelten die Braumeister allesamt im Ausland. Im ständigen Austausch mit internationalen sowie heimischen Kollegen entsteht Inspiration und die Freude, gemeinsam neue wie traditionelle Biere zu brauen. So besitzt Camba Bavaria rund 150 althergebrachte Rezepturen, mit denen sie in Vergessenheit geratene Biere wie den urwürzigen Weißbock wiedererwecken oder neue Versionen wie die leichte Bio-Weiße schaffen wollen. Angetrieben von ihrer Leidenschaft ist es die Intention der Braumeister, das Bewusstsein für die traditionelle Braukunst sowie die Exklusivität der Bierkultur zu bewahren – und nicht zuletzt auch, die Neugier für eher ungewöhnliche Geschmacksrichtungen zu wecken.

Waidmanns Heil – Genießers Dank

Wer gerne Wildspezialitäten genießt, sollte sich einmal die Kreationen von Ortwin Schönwälder zu Gemüte führen. Denn der Metzgermeister veredelt nicht nur bestes heimisches Fleisch, sondern stellt darüber hinaus als Jäger auch sicher, dass nur Top-Qualitäten in sein Haus gelangen. Was zunächst für den Eigenbedarf begann, fand schnell zahlreiche Liebhaber; so machte sich Ortwin Schönwälder 1980 selbstständig sowie zügig einen guten Namen. Seither entstehen in der hauseigenen Metzgerei fein geräucherte Schinken sowie würzige Wurstwaren von Wild und Lamm. Dabei verwendet Ortwin Schönwälder neben eigens ausgetüftelten Rezepturen auch solche, die noch vom Urgroßvater stammen. Allesamt kommen dabei ohne chemische Zusätze aus; gewürzt wird ausschließlich mit Salz, Pfeffer, Knoblauch, Muskat, Paprika, Chili, Kardamon, Piment und Nelken. Dazu gesellen sich weitere Sorten, die er an schlesische, fränkische, südtirolerische oder slowakische Machart anlehnt. Seine Rohschinken und Bratwürste räuchert er schonend bei niedrigen Temperaturen von circa 27 °C in der hauseigenen Räucherkammer. Hier hängen sie für kurze Zeit im Rauch von Buchenholz und Zapfen oder Zweigen von Fichte, Tanne oder Wacholder. Verarbeitet wird ausschließlich frei lebendes heimisches Wild, dessen beste Qualität Ortwin Schönwälder als Jäger zielsicher garantiert. Der Spaß am Probieren lässt den Hobbykoch stets neue Leckereien kreieren – so die edle Rehsülze oder die aromatische Wildschweinpastete. Auf Wunsch bereitet er feine Wildspezialitäten auch für Feste vor Ort zu. Zu erstehen ist alles übers Internet sowie am Hof; zur Saison bietet er auch Wildfleisch in kleinen Portionen an – inklusive dem stimmigen, natürlich gut gewürzten Rezept.

Metzgerei Schönwälder
Ortwin Schönwälder

Frühlingstraße 13
83125 Eggstätt

Telefon 08056/622
Telefax 08056/1534
www.schoenwaelder-wild.de

CAMBA
BAVARIA
DOPPELBOCK
CAMBA
BAVARIA
BOCK
CAMBA
BAVARIA
DUNKLES
CAMBA
BAVARIA
MÄRZEN
BAVARIA
PILS
BAVARIA
CAMBA
BAVARIA
WEISSBIER

BAVARIA
TRUCHTLINGER
JAGER WEISSE
CAMBA
BAVARIA
CAMBA
BAVARIA
PILS
BAVARIA
CAMBA
Bio
BAVARIA
CAMBA
BAVARIA

Glänzend vollendet

Das Fest aller Feste ist und bleibt die Hochzeit. Mit ihr begründen zwei Liebende ein neues, gemeinsames Leben. Damit die Feier entsprechend würdevoll verläuft, sorgt in Bayern und dem angrenzenden Österreich traditionell der Hochzeitslader. Er steht den Brautleuten von Anfang an zur Seite; zudem hilft er ihnen bei der Beachtung aller traditionellen Bräuche. Dabei agiert er nicht nur im Hintergrund, sondern führt die Gesellschaft gewitzt und charmant – einem Conférencier oder Zeremonienmeister gleich – durch das Fest. Prägnantes Erkennungsmerkmal ist neben seiner Tracht der Hochzeitsladerstecken: ein Stock aus Rosenholz, der mit Bändern in Rot für die Liebe, Blau für die Treue, Weiß für die Jungfräulichkeit, Grün für die Hoffnung sowie Gelb für die Eifersucht geschmückt ist. Rund 100 Hochzeitslader existieren noch in Altbaiern; im Chiemgau sind es an die 30 Personen, von denen rund 15 regelmäßig zugange sind. Um eine traditionelle Chiemgauer Vershochzeit zu begehen, zieht der Hochzeitslader wie einst, gewandet in seine Festtagstracht und ausgestattet mit seinem Hochzeitsladerstecken, zum Einladen der Gäste in die nähere Umgebung. Mit einem geistreichen oder witzigen Vers bringt er sein Anliegen vor. Zur Vereinfachung finden sich dazu meist schon mehrere Verwandte ein, die allesamt bei Kaffee und Kuchen den Hochzeitslader gespannt erwarten. Rund 30 Besuche kommen so an einem Tage leicht zustande. Da die Zusage einst gern mit einem Stamperl Schnaps besiegelt wurde, mussten die Hochzeitslader damals „gstandene Mannsbilder“ gewesen sein – im wahrsten Sinne des Wortes. Bevor die einzuladende Gesellschaft informiert wird, muss zunächst nach altem Brauch das Einverständnis der

Braut eingeholt werden. Dazu fährt der Hochzeitslader mit dem Hochzeiter auf den Hof der Auserwählten, die sich nun im Haus verstecken muss. Der Bräutigam ist angehalten, sie zu suchen – womit er aufzeigt, wie viel Mühe und Aufwand sie ihm Wert ist. Hat er sie endlich aufgestöbert, fordert der Hochzeitslader sie mit einem überlieferten Spruch auf, sich zu entscheiden, der mit folgendem Wortlaut endet: „… Nun reiche mir die Hand und sag bald ja mit einem Wort, sonst gehn wir uns um eine andere fort!"
Sollte ein Nachbar einen Hochzeitsbaum gespendet haben, wird der – verziert mit einem Kranz und einer Wiege – einige Wochen vor der Feier vor dem Haus aufgestellt. Hier steht er bis zur Geburt des ersten Kindes. Sollte dies ein Mädchen sein, muss der stolze Vater die Burschen, die ihn aufrichteten, zur Brotzeit laden; bei einem Jungen gehört ihm der Baum ganz ohne „Auslöse".
Während das Brautpaar beim Pfarrer die Modalitäten der Trauung bespricht, was als „Stuhlfest" bezeichnet wird, binden Freunde und Nachbarn je einen Kranz, der die Haustüren der Brautleute schmückt. Tage vor der Hochzeit findet dann die Vorhochzeit, der sogenannte „Hennatanz", statt, zu dem einst Freunde und Nachbarn kamen, die an der eigentlichen Hochzeit nicht geladen waren. Weshalb sie zu diesem Anlass schon ihre Geschenke mitbrachten – meist Naturalien wie Suppenhühner oder Fleisch, die sogleich für das gemeinsame Mahl zubereitet wurden. Am Tag der Trauung werden die Brautleute dann von einigen Schüssen geweckt – am frühen Morgen gegen fünf Uhr. Was nicht nur dafür sorgt, dass keiner der beiden den wichtigen Tag verschläft, sondern einst dazu diente, böse Geister und Ungemach fernzuhalten.

Der Hochzeitstag beginnt im Wirtshaus, wo sich die Gesellschaft zur Morgensuppe oder dem heutigen Weißwurstessen einfindet. Früher kamen die Gäste eigens angereist und bekamen so zunächst etwas zur Stärkung gereicht. Danach folgt der feierliche Gottesdienst mit der Trauung und dem anschließenden Gang auf den Friedhof. Bei manchen Feiern findet noch der Jungherren-Lauf statt, dessen Gewinner eine Mahlfreikarte erhält. Der Brauch stammt aus einer Zeit, als medizinische Hilfe nicht unmittelbar erreichbar war und man so den schnellsten der Gesellschaft für einen eventuellen Notfall ermittelte. Nun endlich stellt sich die Gesellschaft zum feierlichen Einzug in den Saal auf – unter den strengen Augen des Hochzeitsladers, der genau darauf achtet, dass alle Regeln beachtet werden: So gehen die Musikanten spielend vorneweg; es folgt der Hochzeitslader mit dem Brautpaar, die Eltern der Braut, die des Bräutigams, die Ehrmutter sowie der Ehrvater (die Tauf- oder Firmpaten), die Großeltern usw. Nach dem gleichen Ritus wird der Hochzeitstisch besetzt. Der Hungertanz eröffnet die Feier. Dafür, dass den ganzen Tag über eifrig getanzt wird, sorgt das Kranzlpaar. Ebenso ist es verantwortlich, dass jeder Gast sein Kranzl zum Anstecken erhält. Meist werden dazu ledige Freunde oder die Geschwister des Brautpaares herangezogen. Bevor das Hochzeitsmahl aufgetischt wird, begibt sich die Braut unter Begleitung ihrer Mütter in die Küche des Wirtshauses, um die Suppe zu verkosten – und nachzusalzen. Eine Besonderheit der Chiemgauer Bauernhochzeiten ist das Mahlgeld, mit dem sich die Hochzeitsgäste an den Kosten für Speis und Trank zu beteiligen haben. Der Hochzeitslader handelt den Preis mit dem Wirt beim

„Mahlandingen" aus; er sammelt hernach auch die Mahlgelder ein, sofern sie nicht dem Hochzeitsgeschenk beigelegt werden. Wesentlicher Teil der Feier ist das Danken und Ehren, bei dem der Hochzeitslader sein Können aufzeigt. Dieser Teil der Veranstaltung kann bis zu einer Stunde dauern, denn dabei konfrontiert der Hochzeitslader die Gesellschaft mit originellen Geschichten aus dem Leben einiger Gäste. Dazu muss er gut recherchiert haben, um stets den passenden Reim auf die „Schand-" oder Wohltaten der Anwesenden zu finden. Im Gegenzug zur Vershochzeit werden diese Kommentare auch gern als „Gstanzln" dargeboten – den spontan und improvisiert gesungenen Vierzeilern. Weiter geht es im Ablauf mit dem Brautstehlen. Nachdem der „Tanz frei zum Brautstehlen" ausgerufen wird, kann der, der sie als erster bittet, sie – gemeinsam mit dem Brautstrauß – in die meist nebenan liegende Weinstube entführen. Bekleidet mit Schürze und Hut, gewappnet mit Besen und Lampe muss der Bräutigam hernach seine Auserwählte suchen und gegen eine bestimmte Menge an Weinflaschen freikaufen. Bei lustigen Trinkspielen verweilt die Gesellschaft hier noch ein wenig, bevor sie wieder in den Hochzeitssaal zieht. Es folgt das Weisen, Schenken und Ehren, bei dem die Gäste dem Brautpaar ihr Präsent überreichen. Gegen Mitternacht ist das Fest zu Ende und die Gesellschaft geleitet das Paar geruhsam nach Hause – angeführt von der leise spielenden Musi, gefolgt von den Gästen, die mit leuchtenden Kerzen das funkelnde Schlusslicht bilden.

Glanzvolle Stücke voller Grazie

Wer für den besonderen Anlass das Extravagante sucht und dabei präzise Maßarbeit und einen komfortablen Service zu schätzen weiß – der wird mit Matthias Linner und seinen kleinen Kostbarkeiten viel Freude haben.

Seit 2006 fertigt der Goldschmiedegeselle in seiner hellen, freundlichen Werkstatt handgefertigte Unikate aus hochwertigen Metallen, detailgenau veredelt mit funkelnden Edelsteinen aller Couleur. Seine Ideen für das edle Geschmeide entwickelt er hier im persönlichen und diskreten Gespräch mit seinen Kunden, ganz ohne Publikumsverkehr. Rund zwei Wochen braucht es, bis das Schmuckstück dann vollbracht ist. Am liebsten kreiert Matthias Linner formvollendete Ringe, bei denen er all seine Finessen einbringen kann. Bekannt ist er für außergewöhnliche Ehering-Entwürfe, für die er schon einmal die Originalhandschrift der Liebenden per Laser in die Ringe schneidet, sie mit schwarzem Harz auffüllt – und sie so zur persönlichen Signatur ewiger Liebe erhebt. Seine ganze Leidenschaft gehört der Kreation von eleganten Spannringen. Denn sie vermögen es in einzigartiger Weise, einen Edelstein spektakulär zu inszenieren. Matthias Linner entwickelte dazu eigene Techniken, die es ihm ermöglichen, nicht nur die harten Brillanten, sondern auch die eher empfindlichen farbigen Edelsteine zu fassen. Wesentlich ist dabei, die Spannung des Rings exakt zu fokussieren, damit sie den Edelstein zwar festhält, ihn dabei aber nicht zerbirst. So frei schwebend kann das Licht von allen Seiten in das Juwel einfallen und seine Farbbrillanz sowie den einzigartigen Glanz in Vollkommenheit zum Erstrahlen bringen. Und wenn sich dies im Antlitz des Kunden widerspiegelt – empfindet auch Matthias Linner seine Handwerkskunst mehr als erfüllt.

Der Ringmacher
Schmuck Manufaktur
Matthias Linner

Am Graben 3
83128 Halfing

Telefon 08055/9039623
Telefax 08055/9039624
www.derringmacher.de

Vollendete Pracht im neuen alten Glanz

Chiemsee Goldschmiede
Fritz Lutzenberger & Dieter Huber

Postweg 6
83209 Prien am Chiemsee

Telefon 08051/64834
www.chiemseegold.de

Zum standesgemäßen Trachtengewand gehört stets auch das passende Geschmeide. Wem hier der Sinn nach original gefertigtem Trachtenschmuck steht, ist in der Chiemsee Goldschmiede „goldrichtig". Aus Liebhaberei und mit dem Wissen um die Einzigartigkeit erwarb Fritz Lutzenberger von einer schließenden Trachtenschmuckmanufaktur eine alte Spindelpresse sowie rund 380 metallene Würfel. Diese teils über 100 Jahre alten Stahlgesenke sind echte Unikate:

Auf jeder ihrer Seiten finden sich handgravierte Motive, die als Pressmuster für die Schmuckstücke dienen. Zunächst restaurierte er die Würfel in liebevoller Kleinarbeit; nun ist er damit imstande, den original Trachtenschmuck wie einst von Hand zu fertigen. Den nötigen Sachverstand sowie das Wissen um das genaue Prozedere eignete er sich selbst an. Bis zur eigentlichen Pressung mit Gold oder Silber sind einige Probeläufe nötig. Dazu muss zunächst ein Positiv – der Pfaff – aus erhitztem Kupfer hergestellt werden. Das ausgeglühte Gold- oder Silberblech wird dann zwischen Pfaff und Würfel gelegt und behutsam von Hand mithilfe der Spindelpresse in das Muster gedrückt. Danach schleift der Goldschmiedemeister die Ränder in einer speziellen Technik glatt, bringt Details wie Scharniere an und verziert das Ganze mit funkelnden Edelsteinen, edlen Perlen oder hübscher Emaille. Rund sieben Stunden dauert es, bis eine Halsschließe in dieser Weise gefertigt ist. Im Priener Ladengeschäft stehen anmutige Haarnadeln, bezaubernde Tuchbroschen oder geschmackvolle Miederstecker zur Auswahl parat, können aber auch individuell nach Wunsch gefertigt werden.

Fritz Lutzenberger hat mit seiner Weitsicht und seinem Engagement einer alten Tradition zum Überleben verholfen – und den Chiemgauerinnen damit zur vollendeten Pracht im neuen alten Glanz.

1817

Wo glänzend kombiniert wird

Wer das Besondere liebt und dabei Wert auf beste Qualität, solide Verarbeitung sowie ausgefallenes Design legt, der sollte sich in der Gold- und Platin-Schmiede umsehen, denn sie kreiert bezaubernde, individuell kombinierbare Schmuckstücke. Bekannt ist das dreiköpfige Team um Goldschmiedemeisterin Irmgard Reischl-Gangkofer dafür, dass es nur echte Edelsteine und hochwertige Metalle wie Gold und Silber sowie Platin und Palladium verarbeitet. Die Formensprache bleibt dabei eher zurückhaltend, vielmehr stehen hier der Charme und die Ausdruckskraft des wertvollen Materials im Vordergrund. Wenn vier Goldschmiedemeister sich gegenseitig inspirieren, fließen viele Ideen zusammen, die zahlreiche Variationen entstehen lassen. So schaffen sie formschöne Unikate wie auch stilvolle Kleinserien, beispielsweise die Geoserie. Pünktlich zum jährlichen Esbaumfest gestalten sie zudem ein neues Detail, das ihre entzückenden Firlefanzketten schmückt. Dazu prägen sie kleine Silberplättchen – die Nuggets –, die auch mit Feingold belötet sein können, mit Motiven wie Sonne, Herz, Spirale oder Kleeblatt. Die Stempel dazu gravieren sie eigens in der Werkstatt. Ergänzt um kleine Perlen, silberne Linsen oder funkelnde Edelsteine lassen sich so bezaubernde Ketten aufreihen, die schnell zum Lieblingsstück werden. Im Sommer 2010 kreierte das Team den aufwendig hergestellten Stadtring. Seine dreidimensionalen Details müssen exakt ausgesägt, graviert, gefeilt und gelötet werden. Ganz nach Gusto in Gold, Silber oder Palladium erhältlich, zieren so typische Rosenheimer Motive wie das Wappen, das beliebte Herbstfest und die Kampenwand den Ring – geschmackvoller kann man der Stadt nicht huldigen.

Gold- und Platin-Schmiede
Irmgard Reischl-Gangkofer

Am Esbaum 9
83022 Rosenheim

Telefon 08031/17443
Telefax 08031/17443
www.gangkofer.com

Wo mit Kunstverstand Klarsicht entsteht

Seeoptik
Michael Staudt

Alte Rathausstraße 1
83209 Prien am Chiemsee

Telefon 0 80 51 / 6 34 00
Telefax 0 80 51 / 29 58
www.see-optik.de

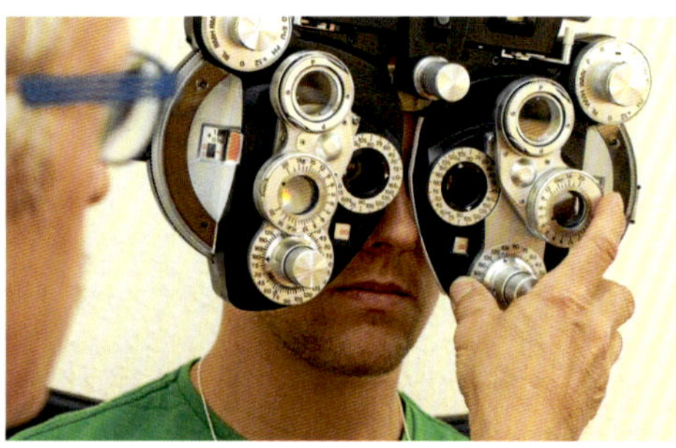

■ Wer Sehen auch mit Ästhetik verbindet, ist bei der Seeoptik von Michael Staudt bestens beraten. In dem stilvoll ausstaffierten Ladengeschäft finden nicht nur Liebhaber ausgefallener sowie modischer Brillen ihre Freude, sondern auch Kunstliebhaber ihre Erfüllung.

Dass Michael Staudt vor seiner Ausbildung zum Optikermeister und Kontaktlinsenspezialist Holzbildhauer war, sticht dem aufmerksamen Betrachter sogleich ins Auge – das bezaubernde, von Künstlerhand entworfene hölzerne Interieur stammt von ehemaligen Bildhauerkollegen. Seit 1990 verschafft er nun in Prien seinen Kunden einen gestochen scharfen Blick sowie ein individuell stimmiges Outfit: mit seiner handwerklich filigranen Arbeit, die jeder Sehhilfe den letzten Schliff verleiht, und mit seiner liebenswürdig persönlichen Beratung, die jedem Kunden zur typgerechten Brille verhilft. Sein künstlerisch geschultes Auge erkennt dabei schnell, was dem jeweiligen Typ gut zu Gesichte steht – denn eine stimmige Brille sollte die Persönlichkeit des Trägers stets gekonnt unterstreichen – und kann zudem den ein oder anderen „kosmetischen Trick" vollbringen. Zur Wahl stehen hochwertige, teils ausgefallene Designerbrillen wie auch modische Exemplare aller Couleur. Sein Faible für das „Antike" ließ Michael Staudt zudem eine stattliche Anzahl von fabrikneuen Originalbrillen zusammentragen, die bis zu den Anfängen des 19. Jahrhunderts zurückreichen. Die meisten von ihnen sind käuflich zu erwerben und können mit aktuellen Gläsern versehen werden.

Michael Staudt – der sich als Mitglied des „Entwicklungsdienstes deutscher Augenoptiker (EDA)" in der dritten Welt sozial engagiert – kam einst zu dem Beruf, da er hier „etwas fürs Auge tun kann" – und das im doppelten Sinne, denn er verhilft seinen Kunden zum Klar- wie auch zum Gut-(Aus-)sehen.

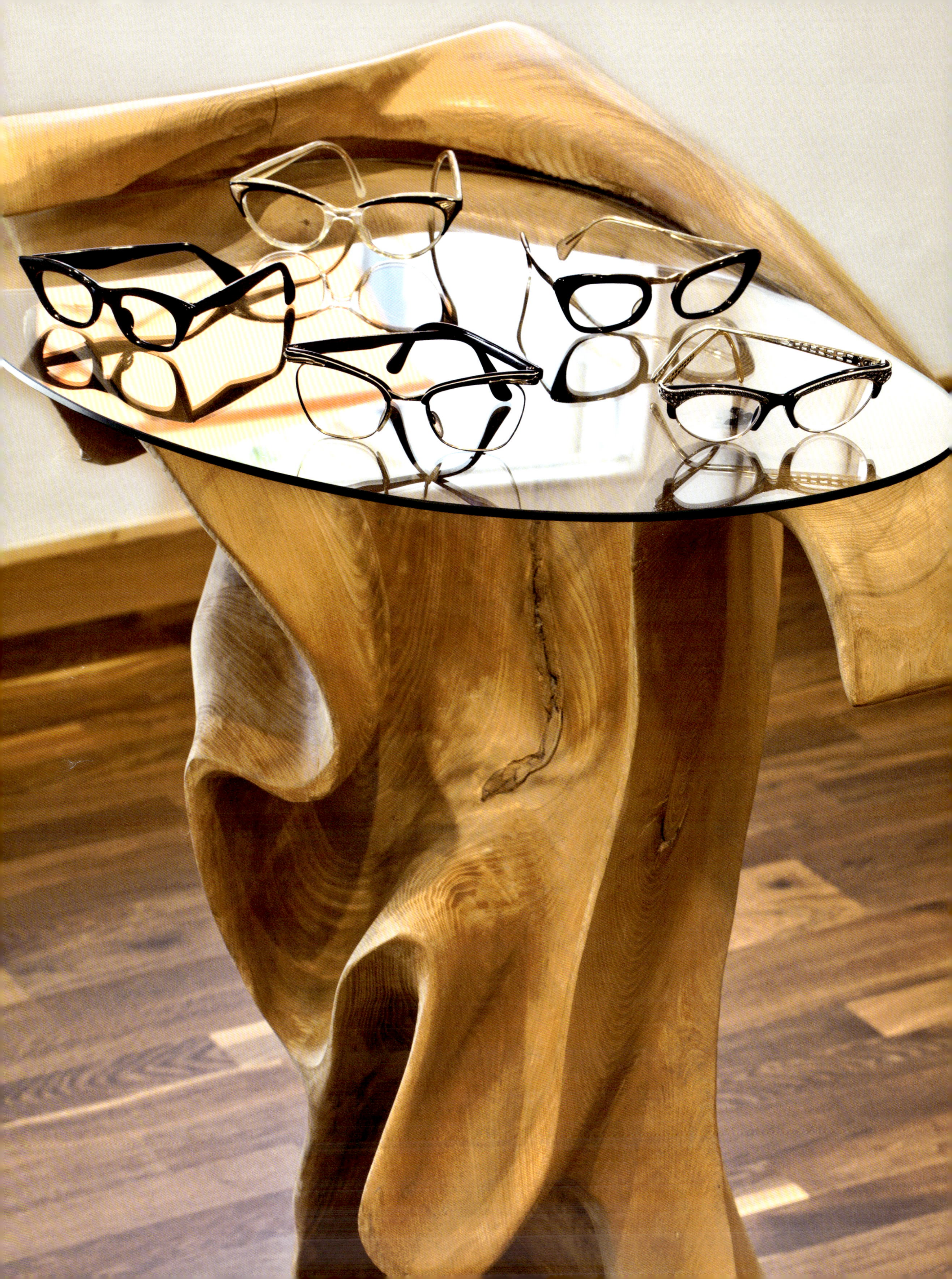

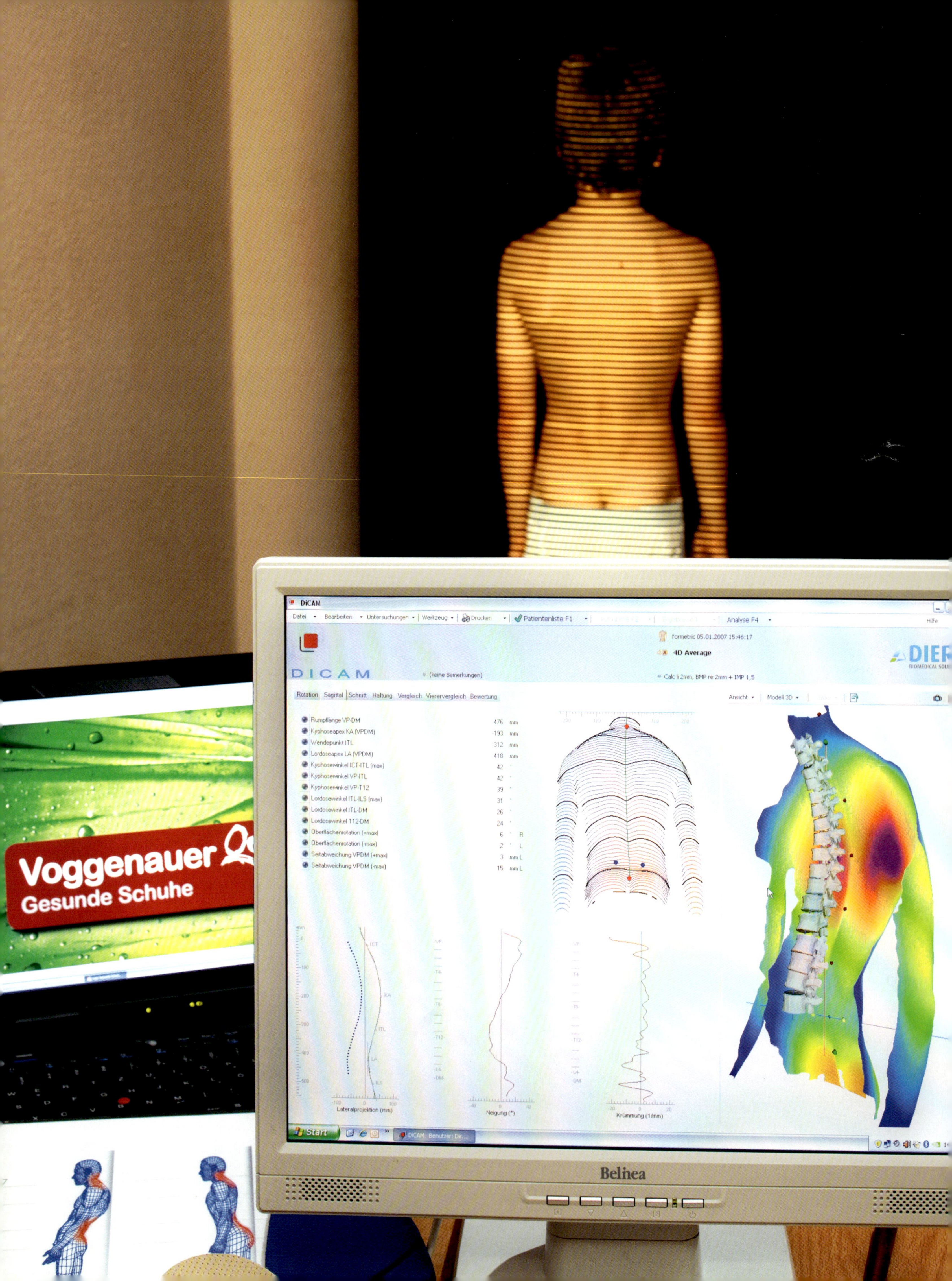
DiCAM
Datei
Bearbeiten
Untersuchungen
Werkzeug
Drucken
Patientenliste F1
Analyse F4
formetric 05.01.2007 15:46:17
4D Average
DICAM
(keine Bemerkungen)
Rotation
Sagittal
Schnitt
Haltung
Vergleich
Vierervergleich
Bewertung
Ansicht
Modell 3D
Lateralprojektion (mm)
Neigung (°)
Krümmung (1/mm)
Start
Voggenauer
Gesunde Schuhe
Belinea

Perfekt nach Maß beschuht

Bei einem orthopädischen Schuhmachermeister vereint sich anatomisches Fachwissen mit bestem handwerklichen Geschick; darüber hinaus benötigt er ein gutes Fingerspitzengefühl sowie eine ausgeprägte Beratungskompetenz – und im besten Fall hinreichend Kenntnis der neuesten Computertechnologie.
Seit Dirk Voggenauer den elterlichen Schuhmacherbetrieb 1997 übernahm, agiert der orthopädische Schumachermeister äußerst fortschrittlich. So nutzt er seit Jahren innovative Wirbelsäulen- und Fußmessverfahren, mit denen er das Gangbild, die Kräfteverteilung sowie eventuelle Schieflagen beim Patienten exakt ermitteln kann. Mittels 3-D-Computerbilder lassen sich dann millimetergenaue Korrekturmaßnahmen wie Einlagen, Schuhzurichtungen oder Maßschuhe fertigen. Die Einlagen fräst er mithilfe der Daten und passt sie anschließend von Hand an. Neue gesunde sowie modisch akzentuierte Schuhe finden sich dazu gleich im angegliederten Schuhgeschäft. In gleicher Weise stellen Dirk Voggenauer und sein sechsköpfiges Team aktive Einlagen her, bei denen bestimmte Fußreflexzonen und damit entsprechende Muskelgruppen angeregt oder entspannt werden. Sollten Maßschuhe benötigt werden, vermisst er den Fuß wie gehabt und fertigt daraus einen Rohleisten, der von Hand in Form geschliffen wird. Mittels einer durchsichtigen Folie verwandelt Dirk Voggenauer ihn zum Probeschuh, mit dem der Kunde den Sitz sowie seine Bewegungsfreiheit bestens überprüfen kann. Passt alles, stellt Dirk Voggenauer den endgültigen Holzleisten her und verbindet ihn in mehreren Schritten mit dem Überzug und dem Schaft zum individuellen Maßschuh. Für den Priener Schuhmachermeister ist es stets aufs Neue erfüllend, anderen mit seinem Engagement helfen zu können und dafür zu sorgen, dass sie nun – gut beschuht – wieder in der Lage sind, sich in gewohnter Weise fortzubewegen.

Voggenauer
Schuh & Technik
Dirk Voggenauer

Seestraße 11
83209 Prien am Chiemsee

Telefon 0 80 51 / 12 18
Telefax 0 80 51 / 96 66 28
www.voggenauer-orthopädie.de

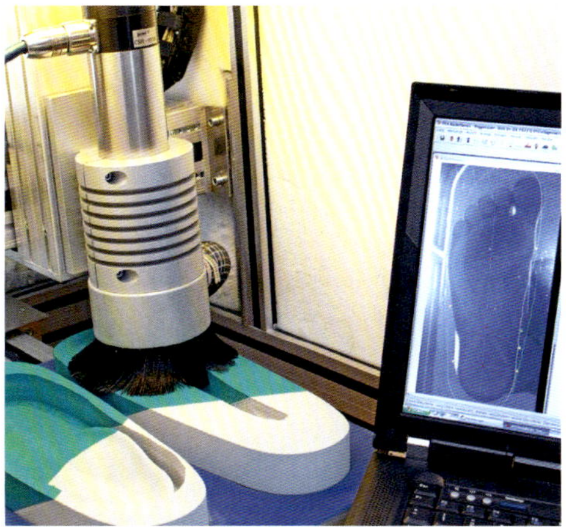

Anderlhof 138

Tinning 5
83083 Riedering
Telefon 08036/575
Telefax 08036/3814
info@andlerhof-tinning.de
www.andlerhof-tinning.de

Metzgerei Angermann GmbH 140

Schulstraße 2
83229 Aschau im Chiemgau
Telefon 08052/2455
Telefon 08052/5357
richard.angermann@web.de
www.metzgerei-angermann.de

Flechtwerkgestalter Johann Bachinger 56

Brünnsteinstraße 2
83026 Rosenheim
Telefon 08031/44459
Telefax 08031/43479

Zimmerei Franz Bauer 28

Obermühl 49
83083 Riedering
Telefon 08036/7418
Telefon 08036/1741
info@zimmereibauer.de
www.zimmereibauer.de

Angelika Böhm Trachtendesign 130

Porschestraße 1
84478 Waldkraiburg
Telefon 08638/85424
Telefax 08638/85421
angelika-boehm@t-online.de
www.angelikaboehm.de

Camba Bavaria GmbH 146

1. Privatbrauerei Truchtlaching
Mühlweg 2
83376 Truchtlaching
Telefon 08667/809466
Telefax 08667/809467
brauerei@cambabavaria.de
www.cambabavaria.de

C.C.K. 116

Carosseria Classica Koraus
Ludwig-Thoma-Straße 2
83358 Seebruck
Telefon 08667/876366
Telefax 08667/876368
carosseria.koraus@t-online.de
www.carosseria-classica.de

Chiemgauer Ofenzentrum 44
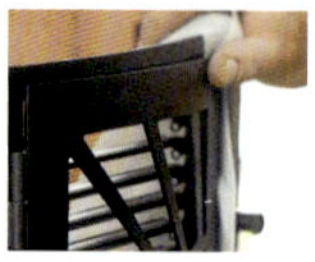
Raublinger Straße 12
83026 Rosenheim-Aising
Telefon 08031/23395-0
Telefon 08031/23395-55
info@chiemgauer-ofenzentrum.de
www.chiemgauer-ofenzentrum.de

Chiemsee Goldschmiede 158

Postweg 6
83209 Prien am Chiemsee
Telefon 08051/64834
info@chiemseegold.de
www.chiemseegold.de

Bäckerei Deinhart 144

Bahnhofstraße 15
83253 Rimsting
Telefon 08051/5598
Telefax 08051/63409
info@der-deinhart.de
www.der-deinhart.de

Der Ringmacher 156
Schmuck Manufaktur
Am Graben 3
83128 Halfing
Telefon 0 80 55 / 9 03 96 23
Telefax 0 80 55 / 9 03 96 24
info@derringmacher.de
www.derringmacher.de

Schönes und Wildes aus Geweih und Horn 82
Am Anger 8
83339 Chieming-Arlaching am Chiemsee
Telefon 01 71 / 7 12 19 83
reinhard@deyerl.com
www.deyerl.com

Farbgestaltung / Wandmalerei Klinger 78
Hochstätt 9
83253 Rimsting
Telefon 0 80 54 / 78 98
Mobil 01 51 / 24 14 95 54
atelier@johannesklinger.de
www.johannesklinger.de

Federkielsticken Stelzer 106
Heubergstraße 1
83026 Rosenheim
Telefon 0 80 31 / 4 66 91

Harfenmanufaktur 110
Finess Harfen
Laiming 4
83112 Frasdorf
Telefon 0 80 52 / 95 77 45
Telefax 0 80 52 / 95 78 52
info@finess-harfen.de
www.finess-harfen.de

Gold- und Platin-Schmiede 160
Am Esbaum 9
83022 Rosenheim
Telefon 0 80 31 / 1 74 43
Telefax 0 80 31 / 1 74 43
goldschmiede@gangkofer.de
www.gangkofer.de

Naturstein Günzkofer 46
Neugartenstraße 9
83209 Prien am Chiemsee
Telefon 0 80 51 / 16 85
Telefax 0 80 51 / 54 21
guenzkofer@t-online.de
www.naturstein-guenzkofer.de

Maler-Fachbetrieb GmbH 42
Neumühlstraße 64
83233 Bernau
Telefon 0 80 51 / 83 92
Telefax 0 80 51 / 8 99 78
info@stuckwelt.de
www.stuckwelt.de

Atelier für Lederbekleidung 132
Polsing 19
83349 Palling
Telefon 0 86 29 / 17 35
ledertony@web.de
www.lederatelier-tonyhahn.de

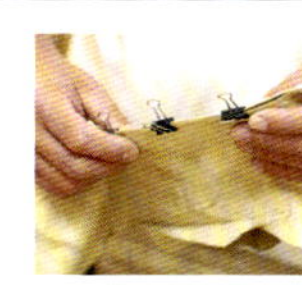

Garten- und Landschaftsbau Helminger 50
Perading 2
83376 Truchtlaching
Telefon 0 86 67 / 80 96 54
Telefax 0 86 67 / 87 97 36
info@helminger-garten.de
www.helminger-garten.de

Hirschhornschnitzerei Stuhlmüller 104

Rosenweg 3a
83083 Riedering
Telefon 08036/7794
Telefax 08036/303825
hornschnitzerei-stuhlmueller@t-online.de
www.hornschnitzerei-stuhlmueller.de

Höfer – Stoffkollektion und Weberei Stoffgroßhandel und Lagerverkauf 124

Goethestraße 15
83209 Prien am Chiemsee
Telefon 08051/967422
Telefax 08051/967420
info@hoefer-stoffe.de
www.hoefer-stoffe.de

Wohnen Klaus Janson 66

Klosterweg 30
83370 Seeon
Telefon 08624/829966
Telefax 08624/829979
info@wohnen-janson.de
www.wohnen-janson.de

Franz Kriechbaum GmbH 40

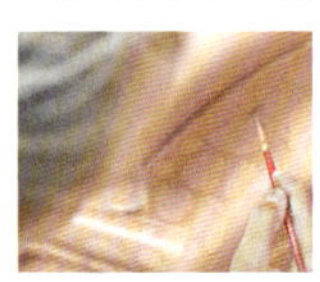

Hirnsberger Straße 38
83093 Bad Endorf-Antwort
Telefon 08053/3786
Telefax 08053/3447
info@malereikriechbaum.de
www.malereikriechbaum.de

Schreinerei Lampersberger 62

Berg 7
83549 Eiselfing
Telefon 08071/922512
Telefax 08071/922514
info@schrcinerei-lampersberger.de
www.schreinerei-lampersberger.de

Die Landgärtnerei Verein für berufliche Integration e. V. 54

Jolling 14
83093 Bad Endorf
Telefon 08053/49440
Telefax 08053/49441
info@die-landgaertnerei.de
www.die-landgaertnerei.de

Wärmepumpen Sanitär Heizung Solar 24

Mühltal 1
83209 Prien am Chiemsee
Telefon 08051/63230
Telefax 08051/964987
info@waermepumpen-loferer.de
www.waermepumpen-loferer.de

Hardy Magis Glasobjekte 80

Am Salzstadel 16
83022 Rosenheim
Telefon 08031/3040366
glasobjektehardymagis@online.de
www.glasobjekte-magis.de

Messermacher von Aschau 100

Am Beerweiher 14
83229 Aschau im Chiemgau
Telefon 08052/4219
pfaffingerpeter@aol.com
www.fuhrmannsmesser.de

Neubauer Restaurierungs-werkstätten GmbH Neubauer für Oberflächen und Gestaltung Reiner Neubauer e. K. 36

Chiemseestraße 59
83093 Bad Endorf-Mauerkirchen
Telefon 08053/3347
Telefax 08036/9945
reiner.neubauer@rwrn.de
www.neubauer-restaurierung.de

Schreinermeisterbetrieb Opperer GmbH 22
Thalmann 7
83101 Rohrdorf
Telefon 08032/91053
Telefax 08032/91054
info@opperer.de
www.opperer.de

PappenStil 114
Sternstraße 4
83022 Rosenheim
Telefon 08031/9018411
Telefax 08031/9018411
info@buchbinderei-pappenstil.de
www.buchbinderei-pappenstil.de

Metallbau Prien 26
Alfons Piechatschek
Am Reitbach 1b
83209 Prien am Chiemsee
Telefon 08051/9634524
Telefax 08051/9634527
a.piechatschek@t-online.de
www.metallbau-prien.de

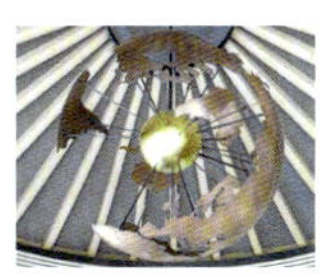

Planwerk – Staudengärtnerei am Chiemsee 52
Esbaum 2
83358 Seebruck
Telefon 08667/876388
Telefax 08667/876389
info@chiemseegarten.de
www.chiemseegarten.de

Plissee is schee 128
Allmannsau 5
83562 Rechtmehring
Telefon 08072/2314

glas kunst handwerk Andreas Rieder 86
Traunsteiner Straße 41
83334 Inzell
Telefon 08665/928860
Telefax 08665/928200
info@glas-rieder.de
www.glas-rieder.de

Riedl Design 84
Mattinastraße 16
83059 Kolbermoor
Telefon 08031/95975
Telefax 08031/95975
riedl-design@online.de

Elisabeth Riedl-Schindler 102
Ammersee Straße 2b
83101 Rohrdorf-Lauterbach
Telefon 08032/189353

Schreinerei Saringer 70
Deutelstätt 3
83109 Großkarolinenfeld
Telefon 08061/30214
Telefax 08061/36485
schreinerei.saringer@online.de
www.schreinerei-saringer.de

Sigi Schelkle 88
Seilenauweg 4
83131 Nussdorf
Telefon 08034/7457
Telefax 08034/6369470
Mobil 0178/4889177
rakuengel@aol.com
www.rakuengel.de

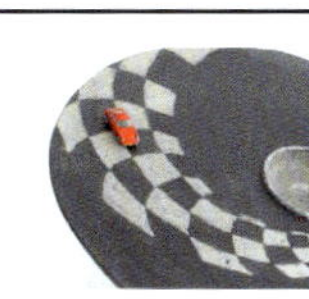

Metzgerei Schönwälder 148

Frühlingstraße 13
83125 Eggstätt
Telefon 0 80 56 / 6 22
Telefon 0 80 56 / 15 34
info@schoenwaelder-wild.de
www.schoenwaelder-wild.de

Simssee Handweberei 64

Hofgartenstraße 9
83071 Stephanskirchen-Waldering
Telefon 0 80 36 / 21 89
Telefax 0 80 36 / 28 55
info@lichtteppich.de
www.lichtteppich.de

Simsseekeramik 68

Schlierholzstraße 1a
83083 Riedering-Ecking
Telefon 0 80 36 / 3 03 68 38
Telefax 0 80 36 / 30 44 34
info@simsseekeramik.de
www.simsseekeramik.de

Zimmerei Sonnenholzner 18

Pfaffing 32
83552 Evenhausen
Telefon 0 80 75 / 91 48 33
Telefax 0 80 75 / 91 48 34
sonnenholzner@online.de
www.holzbau-sonnenholzner.de

Seeoptik Staudt 162

Alte Rathausstraße 1
83209 Prien am Chiemsee
Telefon 0 80 51 / 6 34 00
Telefax 0 80 51 / 29 58
see-optik@online.de
www.see-optik.de

Theatergesellschaft Bad Endorf 112

Bahnhofstraße 47
83093 Bad Endorf
Telefon 0 80 53 / 37 43
Telefax 0 80 53 / 79 50 91
info@theater-endorf.de
www.theater-endorf.de

Voggenauer Schuh & Technik 164

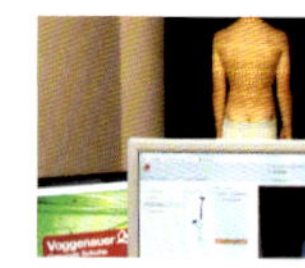

Seestraße 11
73209 Prien am Chiemsee
Telefon 0 80 51 / 12 18
Telefax 0 80 51 / 96 66 28
info@voggenauer-orthopädie.de
www.voggenauer-orthopädie.de

Textilatelier Margareta Wackerle 90

Friesing 11
83122 Samerberg
Telefon 0 80 32 / 71 10
margareta.wackerle@web.de
www.margaretawackerle.de

Wagenstaller Naturkostmühle & Mühlenladen 142

Obermühl 49
83083 Riedering
Telefon 0 80 36 / 77 20
Telefax 0 80 36 / 17 41
info@wagenstallermuehle.de
www.wagenstallermuehle.de

Spenglerei Weber 20

Ischl 16
83370 Seebruck
Telefon 0 86 67 / 80 98 75
Telefax 0 86 67 / 80 91 75
spenglerei.weber@t-online.de

Gerdi Westermeyr GmbH 126

Alte Rathausstraße 15
83209 Prien am Chiemsee
Telefon 0 80 51 / 24 05
Telefax 0 80 51 / 6 29 79
westermeyr@t-online.de
www.westermeyr.de

TS-8230
TS-8104

Besondere Adressen für Sie entdeckt ...

ISBN 978-3-86528-473-0
24,1 cm x 30,6 cm

ISBN 978-3-86528-441-9
24,1 cm x 30,6 cm

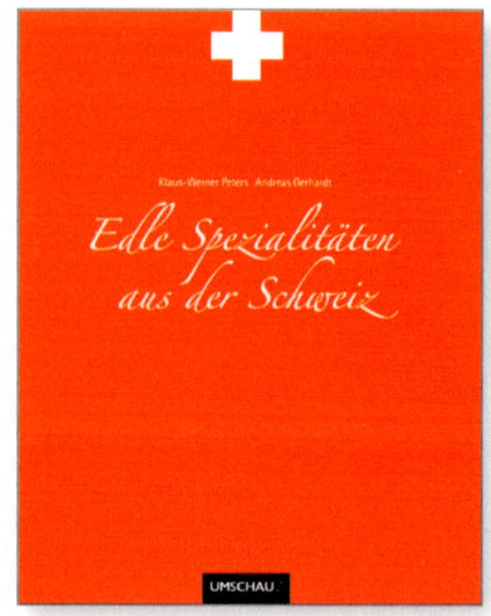

ISBN 978-3-86528-442-6
24,1 cm x 30,6 cm

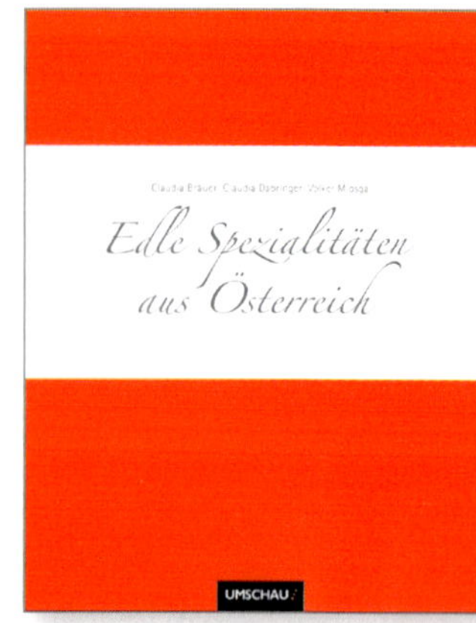

ISBN 978-3-86528-444-0
24,1 cm x 30,6 cm

ISBN 978-3-86528-479-2
24,1 cm x 27,6 cm

ISBN 978-3-86528-394-8
24,1 cm x 27,6 cm

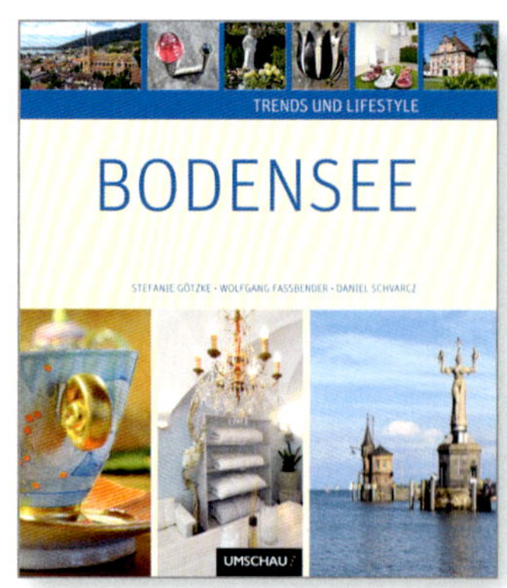

ISBN 978-3-86528-469-3
24,1 cm x 27,6 cm

ISBN 978-3-86528-391-7
24,1 cm x 27,6 cm

ISBN 978-3-86528-447-1
24,1 cm x 30,6 cm

ISBN 978-3-86528-478-5
24,1 cm x 30,6 cm

ISBN 978-3-86528-475-4
24,1 cm x 30,6 cm

ISBN 978-3-86528-468-6
24,1 cm x 30,6 cm

Neu in unserem Programm

EINE KULINARISCHE ENTDECKUNGSREISE ...

(Buchformat: 24,1 x 30,6 cm)

... durch München – Stadt und Land
Barbara Kagerer, Daniel Schvarcz
232 Seiten, Hardcover
ISBN: 978-3-86528-498-3

... durch das Oberallgäu
Tosca Maria Kühn, Yves Hebinger
168 Seiten, Hardcover
ISBN: 978-3-86528-490-7

... durch das Sauerland
Claus Spitzer-Ewersmann, Frank Pusch
128 Seiten, Hardcover
ISBN: 978-3-86528-487-7

... durch Vorarlberg
Claudia Antes-Barisch, Anja Böhme, Daniel Schvarcz
192 Seiten, Hardcover
ISBN: 978-3-86528-476-1

... durch das Hausruckviertel, Innviertel, Mühlviertel, Traunviertel, Mostviertel
Fünf Viertel in Ober- und Niederösterreich
Claudia Dabringer, Andreas Hechenberger, Chris Rogl
256 Seiten, Hardcover
ISBN: 978-3-86528-494-5

... durch das Wallis
Un voyage culinaire à travers le Valais
Klaus-Werner Peters, Rémy Steinegger
280 Seiten, Hardcover
ISBN: 978-3-86528-474-7

... durch das Berner Oberland
Karina Schmidt, Andreas Gerhardt
224 Seiten, Hardcover
ISBN: 978-3-86528-500-3

TRENDS UND LIFESTYLE

(Buchformat: 24,1 x 27,6 cm)

HOLSTEINISCHE SCHWEIZ
Herbert Hofmann, Dirk Fellenberg
152 Seiten, Hardcover
ISBN: 978-3-86528-481-5

BERGISCHES UND OBERBERGISCHES LAND
Susanne Schaller, Christel Trimborn, Gabriele Bender
144 Seiten, Hardcover
ISBN: 978-3-86528-472-3

GÖTTINGEN
Andreas Srenk, André Chales de Beaulieu
168 Seiten, Hardcover
ISBN: 978-3-86528-492-1

ARLBERG
Cornelia Haller, Christian Gufler
184 Seiten, Hardcover
ISBN: 978-3-86528-501-0

Englische Ausgabe:
ISBN: 978-3-86528-503-4

besteshandwerk

HANDWERK | DESIGN | KUNST | TRADITION
(Buchformat: 24,1 x 30,6 cm)

DÜSSELDORF UND UMGEBUNG
Silke Martin, Magdalena Ringeling, Christine Blei
176 Seiten, Hardcover
ISBN: 978-3-86528-485-3

ST. GALLEN UND UMGEBUNG
Christina Hitzfeld, Daniel Schvarcz
136 Seiten, Hardcover
ISBN: 978-3-86528-491-4

GESUNDHEIT UND WELLNESS

(Buchformat: 24,1 x 30,6 cm)

HAMBURG
Katrin Hainke, Bettina Schaefer, André Chales de Beaulieu
208 Seiten, Hardcover
ISBN: 978-3-86528-458-7

BODENSEE
Sigrid Hofmaier, Christian Bullinger
168 Seiten, Hardcover
ISBN: 978-3-86528-480-6

ISBN 978-3-86528-458-7
24,1 cm x 30,6 cm

Alle Titel erhalten Sie bei Ihrer örtlichen Buchhandlung.
Für weitere Informationen über unsere Reihen wenden Sie sich direkt an den Verlag:

UMSCHAU

Neuer Umschau Buchverlag
Theodor-Körner-Straße 7
D-67433 Neustadt / Weinstraße
☎ + 49 (0) 63 21 / 8 77-852
Fax + 49 (0) 63 21 / 8 77-866
@ info@umschau-buchverlag.de
www.umschau-buchverlag.de

Impressum

Texte
Petra Wagner, Prien am Chiemsee
www.text-fabrik.de

Fotografie
Christian Hacker, München
www.christian-hacker.com

Recherche
Petra Wagner, Prien am Chiemsee
www.text-fabrik.de

Lektorat
Stefanie Simon, Neustadt an der Weinstraße

Herstellung
Heike Burkhart, Neustadt an der Weinstraße

Gestaltung, Satz und Reproduktionen
NINODRUCK GmbH, Neustadt an der Weinstraße
www.ninodruck.de

Karte
Thorsten Trantow, Kenzingen
www.trantow-atelier.de

Druck und Verarbeitung
NINODRUCK GmbH, Neustadt an der Weinstraße
www.ninodruck.de

Printed in Germany
ISBN: 978-3-86528-443-3

Die Ratschläge in diesem Buch sind von den Autoren und dem Verlag sorgfältig erwogen und geprüft, dennoch kann eine Garantie nicht übernommen werden. Eine Haftung der Autoren und des Verlages für Personen-, Sach- und Vermögensschäden ist ausgeschlossen.

Besuchen Sie uns im Internet
www.umschau-buchverlag.de

Titelfotografie:
Christian Hacker, www.christian-hacker.com

Wir bedanken uns für die uns freundlicherweise zur Verfügung gestellten Fotos bei: Neubauer Restaurierungswerkstätten GmbH (S.36, S. 38 oben); Maler-Fachbetrieb GmbH (S. 42 oben © Foto Schmuck, Bernau a. Chiemsee); Farbgestaltung / Wandmalerei Johannes Klinger (S. 79), Keramik Schelkle (S. 88 unten Mitte), Chiemsee Goldschmiede (S. 121 unten links), Der Ringmacher (S. 154 unten links, S. 157 unten links), Voggenauer – Schuh & Technik (S. 165 unten).

Bildnachweis Fotolia (www.fotolia.com): © Thorsten Schier (S. 34 links unten), © alpineva (S. 34 links oben), © Martina Berg (S. 35 links), © petrabarz (S. 35 rechts), © M.R. (S. 98 unten links), © 0111 (S. 98 unten rechts), © kwerensia (S. 137 unten), © Jita (S. 137 oben), © Andrii Oleksiienko (S. 153 unten links).